JN012949

小売業DX
成功と失敗

株式会社インサイト編

同文舘出版

はじめに

　新型コロナウイルスの感染拡大によって、小売業のDXは一気に切実なものとなりました。ECニーズが急激に高まり、EC化は従来の見込みより3年ほど前倒しで進行することが予想されます。「うちでもできたらいいな、DX」という甘い話ではなくなり、「DXに失敗したらうちの未来はない」と考える企業が、コロナの影響で幸か不幸か増えました。

　人口に対する過度な出店が限界を迎え、コロナによってEC市場が飛躍的に向上した小売業において、リアル店舗の収益がこのまま下がり続けると、深刻な事態を迎えることは明らかです。買収によって他社に飲み込まれるか、事業を縮小するしか選択肢がない局面を迎えます。

　以前より、業界再編が加速していました。

　コンビニエンスストアはサークルKサンクスがファミリーマートへ、スリーエフ、セーブオンがローソンへと統合されたことでいったんの落ち着きはみせました。しかし、スーパーマーケットやドラッグストア、ホームセンターの再編はまだ真っ只中にあると言えるでしょう。エイチ・ツー・オー（H2O）リテイリングとオーケーが、関西を拠点とする関西スーパーの経営統合で争奪戦のような様相を呈しています。事業提携も増加の傾向です。2021年8月、大阪天下茶屋駅前に神戸物産とソフトバンクがAIを活用した次世代スーパーを誕生させました。丸井グループはD2Cブランドを支援する新会社を設立し、新たな領域へ積極攻勢の構えです。

　まさに業界全体が変革期にあり、その中枢にDXというテーマがあることに相違はないことでしょう。

　本書では、20年以上小売業に携わり、数多くの経営課題、DXの現場を直接見る中で得た、リアルなノウハウをお伝えします。

　小売業におけるDXは、経営者から店舗のスタッフに至るまで、関わ

るすべての人に理解してほしいテーマです。DXはシステム部門が管轄することという意識は捨て、各企業が一丸となって臨まなくては良好な成果は得られません。

　小売業が置かれている環境や求められるビジネスモデルにも、本書は触れています。壮大な話に聞こえる部分もあるかもしれませんが、全体構想なくして、DXの成功はなし得ないのです。

　また、DXを推進するにあたって重要なパートナー企業となる、IT企業とコンサル会社についても言及しています。それは、この両社の選択がDXを失敗に導くケースがあり、相当な注意を要するためです。DXの知見や実績がないのに、あたかも実績があるかのごとく見せるコンサル会社があとを絶ちません。Webプロモーションを強化することをDXと謳っているケースすら散見されます。

　DXの定義を明確にせず、その目的やメリット、裏にあるリスクやデメリットを理解せずにDXに取り組むことは、大変危険です。成功事例だけではなく、失敗事例も知ることで、DXの失敗を回避することにつなげていただければと思います。なぜなら、DXはそう簡単にはやり直しがきかず、失敗した場合の時間と労力、経営への被害は軽微なものではないからです。

　新型コロナウイルスによって、小売業がいかに日本の皆さまの生活を支え、日々の笑顔や安心に必要な存在であるかをあらためて知ることとなりました。小売業には、生活インフラとしての役割と、人々に体験を通じた楽しさを提供する2つの重要価値があります。今後もその価値を提供し続けていくには、業績が安泰であることが前提です。顧客視点を中枢に据えながら自社の業績も向上させていく、その両立のために本書がお役に立てば幸いです。

小売業DX 成功と失敗　もくじ

3章

DXの選択と集中

4章

DXのターゲットは
お客様と社員の2つ

5 章

データは集めることを
目的にすると失敗する

6章

コーポレート機能の
オペレーション改革

7章

店舗とECを分断しないDX

10章

組織改革なくしてDXの成功なし

カバーデザイン　長久雅行
本文デザイン・DTP　株式会社 RUHIA

1章

なぜ今、日本の小売業に
DXが必要なのか

リテール市場で起きている変化とは

　まず、今日本のリテール市場で起きている変化を整理し、なぜDXが必要なのかについて触れたいと思います。

　リテール市場で特に顕著な変化は、下の5つが挙げられます。この5つの変化が起きている中で業績を維持・向上させていくには、DXは避けて通れない道であり、大手企業だけの話ではなく、すべての小売業関係者が注視すべきテーマです。

▶①出店戦略

　日本市場の出店は、飽和状態にあります。コンビニエンスストアはコ

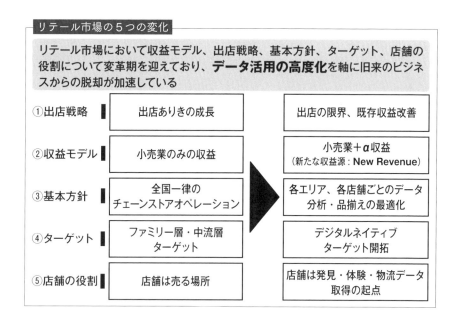

リテール市場の5つの変化

リテール市場において収益モデル、出店戦略、基本方針、ターゲット、店舗の役割について変革期を迎えており、**データ活用の高度化**を軸に旧来のビジネスからの脱却が加速している

①出店戦略	出店ありきの成長	出店の限界、既存収益改善
②収益モデル	小売業のみの収益	小売業＋α収益 （新たな収益源：**New Revenue**）
③基本方針	全国一律の チェーンストアオペレーション	各エリア、各店舗ごとのデータ 分析・品揃えの最適化
④ターゲット	ファミリー層・中流層 ターゲット	デジタルネイティブ ターゲット開拓
⑤店舗の役割	店舗は売る場所	店舗は発見・体験・物流データ 取得の起点

ロナウイルスの感染拡大前から純増数がすでに鈍化傾向となり、従来の出店数を維持するのが限界を迎えつつあります。

　これは売上の拡大を出店に依存し、各商圏エリアの競合性や消費者ニーズよりも、不動産物件があれば出すということを繰り返した結果、人口に対する店舗数がどの業態も必要な商圏人口が縮小し、コンビニにおいては１店舗に対する平均人口約２,２００人という現在の小商圏化状態に至りました。

　競合店舗が増え、人口が減る中で客数を上げるのが困難になるのは明らかです。

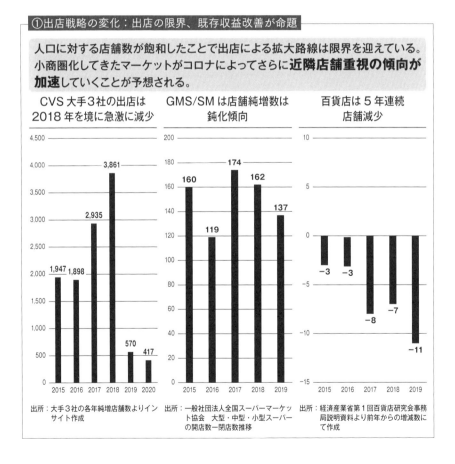

①出店戦略の変化：出店の限界、既存収益改善が命題

人口に対する店舗数が飽和したことで出店による拡大路線は限界を迎えている。小商圏化してきたマーケットがコロナによってさらに**近隣店舗重視の傾向が加速**していくことが予想される。

CVS大手3社の出店は2018年を境に急激に減少

出所：大手3社の各年純増店舗数よりインサイト作成

GMS/SMは店舗純増数は鈍化傾向

出所：一般社団法人全国スーパーマーケット協会　大型・中型・小型スーパーの開店数－閉店数推移

百貨店は5年連続店舗減少

出所：経済産業省第1回百貨店研究会事務局説明資料より前年からの増減数にて作成

では客単価を上げられるかといえば、デフレが続く日本においては簡単なことではなく、商品価値がある企業にのみ、その成果がもたらされるのです。

　出店に依存せず、既存店の収益性を上げる。これが今日本の小売業界にたたきつけられている課題です。そのためには現状の品揃えや出店が顧客にとって本当に最適なのか、数値分析と定性分析を迅速に常に展開し続けることが要されます。その時にデジタルの力を活用せずに行うとデータを揃えるだけで多大な時間を要し機会損失につながります。１店舗１店舗に手間がかかりすぎることで品質格差が生まれ、量的メリットも創出されづらくなるのです。

▶②収益モデルの変化：オフラインデータの重要性の高まり

　2021年６月、Googleのクッキーデータ規制について最新スケジュールが発表されました。Webのアクセス動向を把握するためのクッキーデータの取得に関して、2023年後半から2024年にかけて、規制をかけるというものです。

　この規制によってどのようなことが起きるかというと、従来我々のスマホに届いていた、各自のアクセス傾向に応じてセグメントされた広告配信が難しくなるということです。クッキーデータを活用する前は、各Webサイトの場所を月極駐車場のように場所代として購入していました。クッキーデータを活用するようになってからは、極端な言い方をすれば、１端末１表示ごとに出てくる広告が異なるようになりました。

　隣にいる人と同じWebページを開いても掲出される広告は別々であり、一度閉じて再度同ページを開くとまた異なる広告が出てくるようになりました。

　これは消費者として誰しもが体験してきたことと思います。これを実現するにはクッキーデータを活用することが必要でした。それができなくなる可能性があるということです。

その影響で、価値が上がるものがあります。自社データ（1stPartyData）とオフラインデータです。Web上のアクセスデータではなく、店舗における購買履歴や店舗内動線、会員データ、位置情報データの活用ニーズが飛躍的に上がることでしょう。

コロナでいかにEC化率が向上したとしても、それは15〜20％が限度であり、残りの80％はオフライン上での購買行動です。この80％の部分をデータ化できるサービスに注目が集まるようになります。そのオフラインデータに圧倒的に接触している産業こそ、まさに小売業です。

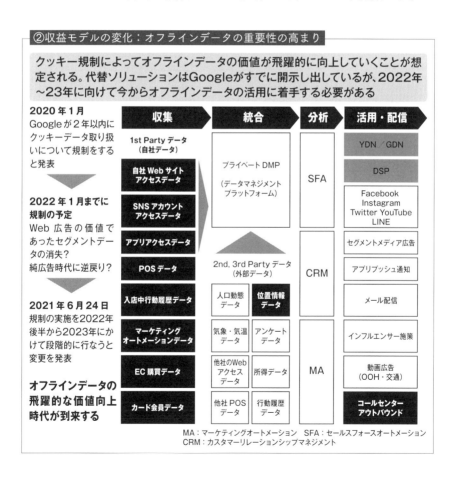

②収益モデルの変化：オフラインデータの重要性の高まり

クッキー規制によってオフラインデータの価値が飛躍的に向上していくことが想定される。代替ソリューションはGoogleがすでに開示し出しているが、2022年〜23年に向けて今からオフラインデータの活用に着手する必要がある

MA：マーケティングオートメーション　SFA：セールスフォースオートメーション
CRM：カスタマーリレーションシップマネジメント

この価値にいち早く気づき、ビジネスに転換している企業の代表がAmazonとウォルマートです。購買による収益のみならず、店舗やECサイトにおけるデータをもとに、リテールメディア事業を立ち上げ大きな収益にしています。日本においてもファミリーマートはじめ多くの小売業が取り組みはじめています。この流れは今後主流になることでしょう。

　リテールメディア以外にも、新収益を付加するモデルは誕生しています。

　PELOTON（ペロトン）は、モノとしてはフィットネスマシンを提供していますが、マシンに装着されているタッチパネル式の画面によって、トップレベルのインストラクターのレッスンを受けることができたり、SNS上のコミュニティ、イベント参加等を可能にしています。もちろんエクササイズの履歴管理も連携しています。

　アプリのコンテンツ料として課金制のサブスクリプションモデルを展開することで、売り切り型から継続的な収益へとつなげています。2019年から2020年で、売上も会員数もともに約２倍に成長しています。小売業のPB（プライベートブランド）からこのような物販＋サービスのモデルが誕生しても、なんら不思議ではありません。

　アリババは、本来競合であるはずの地方の小規模店舗を敵とみなさずサポートするシステムを提供し、BtoB収益にしました。中小小売店の物流や仕入れ、デジタルインフラ、金融支援などを行なうモデルで、売上は3,340億円を超え、加盟店舗は130万店舗という規模にまで拡大しています。

　2020年、アメリカから初進出したRaaS(Retail as a Service)の代表企業b8ta（ベータ）は、売場を体験・発見の場として位置づけ、物販収益ではなく広告やデータ取得の価値として、月額制でブランド・メーカーへ区画提供しています。これは決して従来の小売業のモデルを捨て去るという意味ではなく、小売業が持っているオフラインでの顧客接点の多さを最大活用して新収益を生み出している好事例と言えます。

　店舗出店で売上をかさ上げするのが難しい市場下で、このように新たな収益を作り上げる動きが、今後さらに活発化していくことでしょう。

▶③基本方針の変化：チェーンストアオペレーションからリージョナルシフトへ

　日本では、チェーンストアオペレーションという概念が重視されてきました。チェーンストアオペレーションとは、多店舗化していく中で本部が販売戦略を立て、全体で仕入れを行なうことでコストを最適化し、店舗は運営をマニュアル化してどの店舗でも同商品・同サービスを展開するモデルを指します。多店舗化のスピードを加速させ、画一的な展開によってブランドイメージを確立できるのがメリットです。

　しかし昨今では、このモデルが崩れはじめています。それは店舗の飽和と消費の多様化・細分化に起因します。

　どのお店に行っても同じ商品・同じサービスを受けられることの安心感や信頼は、当たり前のものとなりました。消費者はより自分にカスタマイズ化されたものを求めるようになったのです。究極はオーダーメイドや量り売りですが、多数のメーカー商品がすべてそのように対応することは実際には不可能です。

　では、何をすべきか。各店舗の商品構成を、その商圏のニーズに合わせて最適化することです。

　カップラーメンの陳列をどれくらい取るかというレベルではなく、その中で大盛と小サイズの比率さえも店舗ごとに変動させることが求められています。

　価格も同様です。スピードと品質の時代において、本社にお伺いをたてて価格を決めていては、その日のうちに競合対策はできません。

　かといって、従来のスーパーマーケットのようにパート・アルバイトの人に30％割引のシールを持たせて「とにかく貼ってきて」というやり方では、収益が取れるのか不明瞭な危ない勝負になってしまいます。

③基本方針の変化：各エリア、各店舗ごとのデータ分析・品揃えの最適化

リテールの大手2社が**脱チェーンストアオペレーション**の方向へと、**店舗対応力強化**を推進している。データ分析を高度化することで店舗ごとの品揃えを最適化することを強化

	基本方針	データ・デジタルへの取り組み
イオン	▶地域密着による事業領域の拡大（**リージョナルシフト**） ▶各エリアで同業態を統合化	▶国内約**2万店舗、年間来店客数14億**のデータ活用促進 ▶物流、決済、店舗のデジタル化
セブン&アイ・ホールディングス	▶エリアと業態の選択と集中 ▶2015年より脱チェーンストアオペレーションを掲げ店舗別対応力を強化	▶セブンIDの統合による**グループ全業態の連携強化** ▶消費の多様化・小商圏対応のため売り場レイアウト変更

消費者が割引ありきでしか購買しない事態を引き起こします。

　では、どうすればよいか。本社にあった決裁機能や情報を店舗に移譲し、データに基づく判断を店舗で即座にできるようにすることです。

　実際に、リージョナルシフトとして決裁フローや決裁権限、価格決定権などを店舗に移譲し、スピードと収益を両立させようとする動きが主流になりつつありますが、品揃えや価格の決定権をただ店舗に与えるだけでは成り立ちません。

　メールや従来の会議を経由していては、そのスピードは実現するはずもなく、ダイナミックプライシングや会計管理システム、決裁システムの刷新が必要になります。リージョナルシフトとは、顧客に近い店舗でつかんだニーズに即座に対応することに大きな意味があります。それを安定稼働させるには、デジタルの力を活用しなくてはなりません。

　日本のリテールトップ2社がすでにその方向に舵を切っていることでも明らかです。

▶④ターゲットの変化

　日本では高齢化が加速し、シニア消費を取り込むべきという声が以前から強くありました。たしかにシニアマーケットは大きく、安定的な消費でもあります。

　しかし長期的視点で見れば、デジタルネイティブターゲットをいかに今から獲得できるかが、5年後、10年後に大きな差となって表われることでしょう。デジタルネイティブ世代とは、生まれたときからインターネットが存在していた、1990年以降に生まれた世代のことで、前の世代とはコミュニケーションや物の買い方、使い方が異なると言われています。

　これらデジタルネイティブ世代に対し、バーチカル市場（ニッチな市場）において商品やサービスを提供するDNVB（Digitally Native Vertical Brand）が注目を集めています。

　DNVBはその商品や企業が持つ意義やブランドストーリー、製品哲学、参加型の体験で得られるコンテンツから共感を集め、ブランド力を高めていきます。

　売ることを重視した通販とは一線を画し、あくまで世界観を重視し、オンライン上でそのブランドを確立させた後に店舗を出し、オンラインの売上をさらに後押ししようとするモデルが、アメリカを中心に増えています（後述するGlossierやAllbirdsがそれに当たります）。

　次ページ図に示すように、アメリカではDNVBからユニコーン企業（設立10年以内の非上場ベンチャーで評価額10億ドル以上の企業）が多数誕生しています。アメリカではすでに成長期のピークに近づいていますが、日本はこれから4〜5年が成長期になる可能性があり、注目のトレンドです。

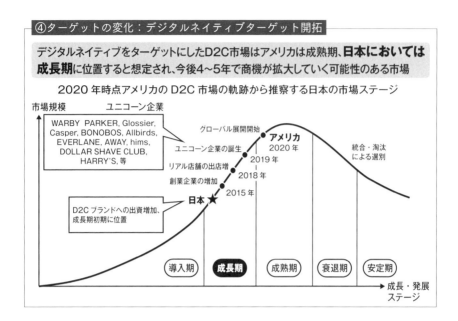

④ターゲットの変化：デジタルネイティブターゲット開拓

デジタルネイティブをターゲットにしたD2C市場はアメリカは成熟期、**日本においては成長期**に位置すると想定され、今後4〜5年で商機が拡大していく可能性のある市場

2020年時点アメリカのD2C市場の軌跡から推察する日本の市場ステージ

市場規模 ユニコーン企業

WARBY PARKER, Glossier,
Casper, BONOBOS, Allbirds,
EVERLANE, AWAY, hims,
DOLLAR SHAVE CLUB,
HARRY'S, 等

グローバル展開開始

アメリカ
2020年

統合・淘汰
による選別

ユニコーン企業の誕生
2019年
リアル店舗の出店増
2018年
創業企業の増加
2015年

日本★

D2Cブランドへの出資増加、
成長期初期に位置

導入期　**成長期**　成熟期　衰退期　安定期

成長・発展
ステージ

　テレビCMでブランドイメージを感じ、店舗で買うという概念がデジタルネイティブ世代には希薄であると捉えるくらいが望ましいのです。デジタルネイティブ世代とのブランドコミュニケーションはSNSが基軸であること、これは小売業に限らず、すでに主流の考え方です。小売業においては、さらにインストアブランディングが加わります。売り場は単に売る場所ではなく、ブランドの世界観を伝える役割が付加されたことを強く意識していきましょう。

　デジタルネイティブ世代は今後長きに渡って消費の中心を担っていくので、この層から支持を得ることは重要です。

　しかしここで注意すべきは、現状のターゲットがどの層であるかということです。

　わかりやすく述べると、シニア層や富裕層が主軸であった百貨店のような業態の企業が、安易にデジタルネイティブにターゲットをシフトすると、二兎を追うもの一兎をも得ずという状態になります。

　その要因は商品とサービスにあります。

　SNS広告やアプリを駆使し、デジタルネイティブへのアプローチを強化する企業を多く見かけますが、商品とサービスがそのターゲットニーズと合致していない限り、コミュニケーションだけを転換しても、想定した結果につながらないのです。

　顧客が何に対価を払うかというと、それはプロモーションにではなく、商品とサービスに対してであることを忘れてはいけません。そして、中途半端にデジタルネイティブに着手すると、既存顧客の離反を引き起こします。従来のターゲットが「私たちがいづらい店舗になった」と感じ、顧客離れが生じたときの損害は計り知れません。デジタルネイティブターゲットを強化する際、この点だけは十分に注意をして臨みましょう。

▶⑤店舗の役割の変化

　「④ターゲットの変化」でもご説明した通り、売り場に「世界観を伝える役割」が付加されました。その他にも役割が加わりました。代表的なのが「物流拠点としての役割」です。ECの商品を店舗に届け、引き取りに来てもらうケースもあれば、店舗の商品がECで発送する商品にもなり、在庫機能を店舗が担うようになりました。

　また、店舗は新規顧客獲得の場で、リピート促進はECへバトンタッチするといった役割分担をする流れや、店舗は新商品体験をする場所として魅せることに集中し店舗在庫を持たず、購入はECサイトから行ない自宅に郵送というモデルなど様々な変化をもたらしています。

　大きく区分すると、次の役割が店舗に付加されたといえるでしょう。

① 物流拠点機能（ECの在庫、配送拠点）
② 引き取り機能（EC、事前注文等の引き取り場所）
③ 世界観伝達の場（インストアブランディング）
④ 店舗の行動履歴・データ取得の場

⑤ 商品体験の場（売場に広告としての価値を付加）

　これら付加された役割は店舗だけで完結するものではなく、基幹システムやサイトアクセスデータとの統合等、オンラインと複合的に関連します。

　以上の通り、今、リテール市場に起きている象徴的な5つの変化を整理しました。

　では、その変化の中でどのような企業が今後生き残るのか。

　5つの特徴にまとめました。

▌データプラットフォーマー

　楽天やAmazonなど小売業のみならず、異業種のデータも含めて会員ID、ポイント連携を中心に横断的な利用促進を実現するプレーヤー。直接消費者から収益を得るBtoCビジネスと、プラットフォームを活用する企業から手数料を取得するBtoBモデルの両面を兼ね備えるのが特徴。

▌スケールカンパニー

　資本力や既存の店舗の多さを強みに、M&Aによってエリアや店舗数を確保する企業。市場が飽和し中堅企業が苦しくなるとグループ企業に吸収されることが多いが、この手法によって収益を拡大させるには限界を迎えており、各店舗が顧客から高い支持を得る内容に変革できない限り、負の遺産が増大するリスクがあるプレーヤーゾーン。

　また、他の企業が活用するデータプラットフォーマーと異なり、自社の中でいくつも個別事業があるだけという企業は、投資だけがかさみ事業同士が相乗効果を生み出さず、構想と乖離するケースが多い。

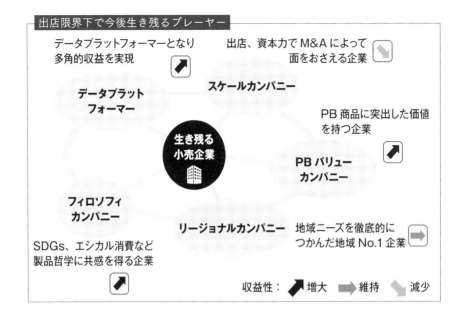

■フィロソフィーカンパニー

　製品に対する企業哲学を強く保持する企業。ESG経営、SDGs、エシカル消費対応などが代表的なテーマとして挙げられるが、環境に限らず、商品機能、接客コンセプト等、自社ならではの確固たる理念・個性に共感するファンを醸成するプレーヤー。

■リージョナルカンパニー

　地域ごとに多様化・細分化されたニーズをデータ化し、それを品揃え・価格・サービスに活かす企業。エリア限定で展開しているケースが多いため、地産地消、物流の効率化がしやすく利益率も高い。全国チェーンとは異なる品揃え、おもてなしの接客、店舗装飾などを実現しやすく、地元の人々から長く愛される店舗。NB品が陳列されているだけの店舗は、このリージョナルカンパニーにシェアを奪われていく。

▌PBバリューカンパニー

PB（プライベートブランド）に圧倒的な価値がある企業。アパレルに限らずSPA型で自社製造、自社流通にて独自の商品企画力と価格の強さ（低価格にも耐えうる利益率の高さ）が特徴。製造業として他の流通に卸すことで、出店するより低リスクで収益を増やすことも可能なモデル。

2章

DXをはじめる前に
必ず確認してほしいこと

1

×デジタルツール導入が目的
○ビジネス変革が目的

▶ DXは自社のビジネスや商品の価値を後押しする手段であり
目的ではないと捉える

　DXの目的はデジタルツールを導入することではなく、テクノロジーを活用してビジネスを変革し、持続的に業績を向上させることです。一般的には図1のように、ビジネス変革が最上位に位置し、小売業においてはその次にプロダクト変革が重要になります。

　ビジネス変革とは持続的な成長を実現するためにビジネスモデル、オペレーション、組織を改革することであり、プロダクト変革は顧客に支持される自社独自の商品価値を生み出すことです。陳腐化したビジネスモデルの中で商品も他店と同じでは、いくらDXを強化しても期待する効果は得られません。

　今、小売業で業績を伸ばしている企業は、DXを論じる以前にビジネスモデルやプロダクト自体に大きな魅力を備えています。詳しくは事例を交えて後述しますが、DXはその価値をさらに加速させるための武器であり、ITシステムを導入することが目的になっては本来の小売業としての価値を見失うことにもなりかねないので、注意が必要です。

▶DXへの苦手意識をなくす

　ビジネス変革と聞くと壮大な響きで、「うちには壁が高く無理なのではないか」と思う方もいることでしょう。そのような方は、こう捉えてみてください。自身が一消費者としてよく利用するサービスや購入する商品には、他店とは異なる特徴があるのではないでしょうか。

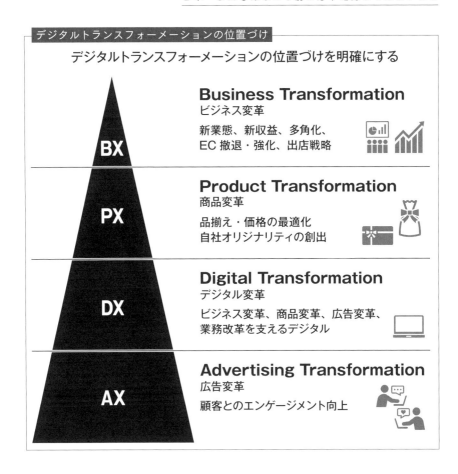

デジタルトランスフォーメーションの位置づけ

デジタルトランスフォーメーションの位置づけを明確にする

Business Transformation
ビジネス変革

新業態、新収益、多角化、
EC撤退・強化、出店戦略

BX

Product Transformation
商品変革

品揃え・価格の最適化
自社オリジナリティの創出

PX

Digital Transformation
デジタル変革

ビジネス変革、商品変革、広告変革、
業務改革を支えるデジタル

DX

Advertising Transformation
広告変革

顧客とのエンゲージメント向上

AX

　どのお店でもよいと思われる対象ではなく、選ばれるお店になるに
は、他にはないビジネスモデルや商品の特徴が必要だということです。
たとえば、健康に配慮した食材の定期便や、寒さや暑さを解消してくれ
る機能性に優れたPB商品などは、他にはない特徴になります。

　それに対し、従来通りお店に赴き商品を探し、他店でも販売されてい
るメーカー商品を買う場合は安さが優先的な購入理由となり、お店です
ぐには買わず、家に帰って通販サイトで調べ最も安い商品を買うという
行動を取った記憶は多くの方にあるはずです。

お客様から「あなたのお店ならではの独自の特徴は何ですか？」と聞かれて端的に答えられる要素が、ビジネスやプロダクトの価値となります。そして、そのビジネスを展開し、商品の価値を消費者に継続的に届け、常に改善を繰り返すためにDXが必要になるのです。

▶業務時間を減らすことがDXのすべてではない

　DXとはデジタルトランスフォーメーション（Digital Transformation）の略称であり、テクノロジーを活用してビジネスを変革し、持続的に業績を向上させることです。

　文字通り変革であり、導入とは異なります。Digital Introduction（導入）に陥らないよう、注意が必要です。

　それを確認するときの質問は至極シンプルです。「DXの目的は何ですか？」と聞かれて「○○ツールを導入することです」と答えるようになっていたら、それは目的を見失っている証拠です。

　DXを推進する際に力を借りることになるのが、IT企業とコンサル会社です。これらの企業とともにDXを推進していくと思いますが、その際にDXの目的を「コスト削減」としてしまうと、うまくいきません。

　RPA（Robotic Process Automation）が好例です。IT投資額や初期のコンサルフィーが多額になるため、単純に時間が削減されてそれを人件費換算するといくら得したという考え方では、投資の回収に長い時間を要してしまうので、DXが失敗だったかのような評価になります。

　どう業務時間を減らすかではなく、どうお客様のことを考える時間を増やすかという考え方が適しています。業務時間の削減は、DXにおけるひとつの通過点に過ぎません。コスト削減だけを謳って提案してくるIT企業やコンサル会社があったら、少し注意が必要です。

　DXに取り組まないと世の中の流れから取り残される、そのような焦燥感から取り組まれる企業も多いことでしょう。その焦りこそがDXを

失敗に導きます。

　DXは苦戦している企業の方が多いと言っても過言ではありません。溢れる情報に惑わされてはなりません。耳を傾けるべきは、コンサルティング会社でもIT企業でもありません。

　DXの答えは顧客にあります。

　お客様にとって便利で喜びを感じるお店、商品、価格、チャネル、プロモーションとは何なのか、従来にはなかったどのような価値をお客様に提供するのか、これがDXのはじめの一歩です。

　それを突き詰めずして、DXの成功なしと捉えましょう。「まずどのようなツールを導入するか」、ではなく「我々は小売業として、どのようにこれからお客様を喜ばせるのか」を議論することからはじめてみてください。

2 小売企業のDXの全体像を知る

▶ **小売業にとってのDXとは何か？**
▶ **全体像を知ってこそ取捨選択ができる**

　次に、小売業のDXの全体像を整理したいと思います。もちろん他の産業と同じ項目もありますが、小売業の最大の特徴は「店舗」です。店舗をデジタルによってどう変革するか、ここに小売業のDXの成否がかかっています。

▶ 「DX＝EC」にあらず

　小売業のDXと言うと、ECシフトという印象を持つ方が多くいます。しかし、ECはDXのひとつの要素に過ぎず、それだけでDXが完結するわけではありません。むしろ安易にECを強化すると、収益が悪化するケースが多いのです。

　世界一の小売企業であるウォルマートでさえ、EC事業単体での収益化には大変な時間と労力を要しています。

　2014年、ウォルマートの総投資額の約60％を占めていたのが新店の設備投資でした。それが2020年には1.5％にまで縮小し、代わりにEC・テクノロジー・物流に対する投資を倍以上の約70％に拡大させました。投資回収をEC単体で考えていては、到底できない決断です。

　ウォルマートの展望はEC単体で収益をあげることにあらず、店舗との相互集客モデルを構築することで全体最適・全社収益の向上をめざしています。店舗とECのあり方については7章で詳しく触れます。

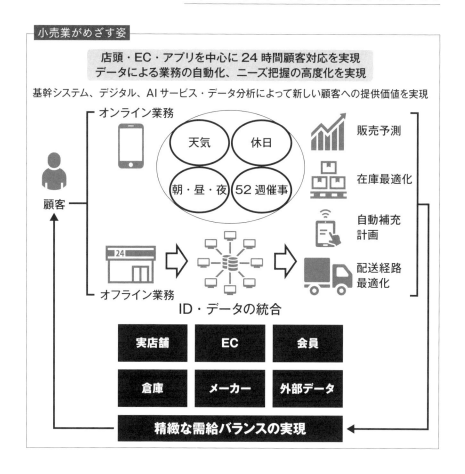

上の図は、小売業がめざすべきモデルです。

　人が作業をしていた領域にテクノロジーを活用して自動化・省力化し、削減された時間を次なるビジネスや商品を生み出すクリエイティブな時間に転換する、これこそが業務の高度化につながります。単なる経費削減、時間の効率化のためにDXがあるわけではありません。業務の効率化と高度化、この２つの側面の両立が、DXを推進する際には常についてまわります。

　コンビニエンスストアを中心に24時間営業のあり方について見直しが図られる中、無人店舗を開発すれば課題が解決するであろうと考える

のは、正しいようで実は誤りです。人の仕事を代替するだけでは、お客様の評価は上がりません。お客様にとっては得るサービス、商品が同じであれば、それをロボットが提供しても、受ける価値は変わらないのです。

　販売予測、在庫の最適化、物流経路計画などは、数字に基づきAIのアドバイスに従うことで、成果につながります。しかし、新しい店舗業態や商品のアイデアを生み出し、それを実際に形にすることは、人の力にかかっています。

　人事や法務、経理などバックオフィス業務におけるデジタル変革は、もちろん小売業においても重要です。その際に陥ってはいけないのが、その部門の業務が楽になることに終始してしまうことです。

　前述の通り、DXの目的はビジネスを変革し、持続的に業績を向上させることにあります。業績を上げるためには顧客からの支持を得ねばならず、全従業員が顧客対応をさらに高めるにはどうしたらよいか、この1点に向かうことが何より大切です。

　つまり、1部門の業務が効率化されるだけではDXとは呼べず、それによって店舗営業部や商品開発部、宣伝部などが円滑に動けるようにならなくてはなりません。その結果、各部門の先にいる顧客のことをより考えられるようになったという流れが理想です。

　自分の部署のムダだけでなく、周囲の従業員の人達が円滑に動くにはどうしたらよいか、そのようなベクトルがDXを有用に展開するひとつのポイントです。

▶DXはすべてを網羅しようとしなくてよい

　次に、もう少し詳細化した小売業のDXについて図に示しました。やるべきことが多く、「はたしてDXのゴールまでたどり着けるだろうか……」と思う方も多いことでしょう。しかしこれはあくまで全体像であ

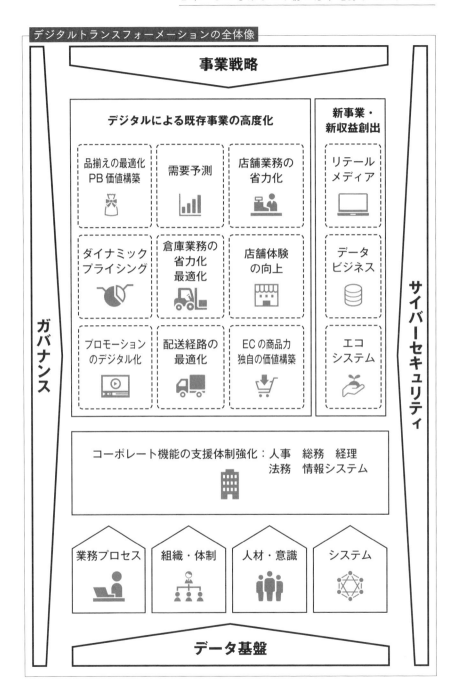

デジタルトランスフォーメーションの全体像

事業戦略

デジタルによる既存事業の高度化

新事業・新収益創出

品揃えの最適化 PB価値構築

需要予測

店舗業務の省力化

リテールメディア

ダイナミックプライシング

倉庫業務の省力化最適化

店舗体験の向上

データビジネス

プロモーションのデジタル化

配送経路の最適化

ECの商品力独自の価値構築

エコシステム

コーポレート機能の支援体制強化：人事　総務　経理　法務　情報システム

業務プロセス

組織・体制

人材・意識

システム

データ基盤

ガバナンス

サイバーセキュリティ

り、すべてを実行しなくては失敗するというわけではありません。逆に、すべてを行なおうとすると、それぞれの取り組みの精度が浅くなるおそれがあります。自社の顧客にとって重要な領域に優先順位をつけて、絞った取り組みをすることが肝要です。

　今後どのようなビジネス・業態を展開するか、その実現のために変えなくてはいけない業務は何か、そしてどのようなテクノロジーがあればそれを具現化できるかを同時に考えなくてはいけません。

　戦略、業務、組織、ITが密接に関わり合ってこそ、デジタルトランスフォーメーションと言えます。

　購買データ、販促データなどがバラバラに存在し、担当者も別という状態は、従来から抱えていた課題でもあったはずです。それぞれの取り組みが分断され、横串が刺さっていないという声を数多く聞きます。

　DXはこの課題を加速度的に改善するきっかけになります。

　DXは難易度が高く、失敗してお金と時間を浪費するかもしれないと不安を覚える方は、このように自問してみてください。従来からの課題を放置するリスクと、DXに取り組みそれにチャレンジするリスクのどちらが大きいか、と。チャレンジするリスクより、チャレンジしないリスクのほうが大きい時代です。日々の目の前の皆さまの業務やアイデアにヒントがあり、それをつなぎ合わせて全体としてあるべき姿に導いていく、これがDXに取り組むときの大きなメリットです。

　進行過程で失敗することもあることでしょう。しかしそれを気づきと捉え、迅速にトライアンドエラーを推進していくスタイルに一人ひとりが変わっていく必要があるのです。

　まず、小売業のDXの全体像を知り、その中で自社が優先的に強化すべき点はどの領域かを考えてください。図をご覧になりながら、自社が強みにしていく領域は配送面なのか、価格なのか、品揃えなのか、サービス力なのか、「この領域の精度がもっと上がったら、さらにお客様に喜ばれるはずだ」と思える領域にDXの優先順位のヒントがあるはずです。

小売業の業務に対応した主要テクノロジーの対象範囲

本社担当領域

	商品施策	数値計画	品揃え計画	商談・契約	発注／物流
AI	●市場動向分析 ●需要予測	●市場動向分析 ●需要予測	●棚割画像認証 ●個店別品揃え計画 ●AIカメラによる属性把握	●音声から自動議事録生成 ●契約書自動レビュー	●発注数算出 ●配送計画 ●異常予知・検知
IoT			●ICタグRFID		●ICタグ自動倉庫 ●配送ロボット
分析ツール	●商品別数値分析	●損益シミュレーション ●回転率・交叉比率算出 ●販売計画策定	●棚割・売場構成分析 ●需要予測との連携	●契約状況・傾向分析	●倉庫回転率 ●人件費最適化 ●海外の課税算出 ●海外の課税 ●自動分析
RPA	●昨年実績の自動作成 ●自社アカウントのコメント自動取得	●報告資料作成	●導入店舗リスト作成 ●陳列指示書作成 ●店舗への発信	●リベート契約 ●契約登録業務	●登録業務
その他	●自社アンケートリサーチシステムの構築	●総平均法、移動平均法に適した会計管理のシステム化	●エリア別立地別コロナ影響指数	●メーカーからの提案書 ●管理システム	●自動運転ドローン ブロックチェーンによるトレーサビリティ

店舗担当領域

	店内在庫	陳列・品出し	店内顧客対応	販促	仕入業務	報告業務
AI	●AIカメラによる棚割分析	●欠品検知タブレット（従業員への通達）連携	●AIカメラダイナミックプライシング	●定性ニーズ分析	●過去実績らの販売予測 ●書類のOCR	●海外言語に自動翻訳
IoT	●ICタグRFID棚卸ロボット	●陳列ロボット	●ICタグRFIDセンサー	●デジタルシェルフ		
分析ツール	●POS分析 ●商品別利益管理	●配置分析	●数値分析 ●ビーコンによる店内動線分析	●効果検証	●在庫回転率分析	●POS分析 ●商品別利益管理
RPA	●回転率等グラフ等の自動作成	●報告資料作成		●計画資料作成	●入力作業の自動化	●報告資料作成
その他			●全商品QRコード展開 ●キャッシュレス ●無人店舗	●VR接客アプリ ●接客ロボット		●移動経路分析

※担当領域は企業によっても異なり、どちらかに役割区別できない場合もありますが、主に担当する領域というイメージとして捉えてください

3 コロナ後の小売市場を予測する

▶ 伸びるもの、減るものを知り
データ活用によって常に現状と未来を予測する

　新型コロナウイルスが、小売業にも大きな影響を及ぼしたことは、言うまでもありません。ワクチンの普及や効果によって今後の動向は変動しますが、ここではコロナによって確実に変わったことを整理します。コロナによって、我々はある意味、強制的にさまざまなことを体験し、多くの気づきを得ました。

　人々が体験し、その利便性や必要性を確認したことがたくさんあります。リモートワーク、通販、宅配、機能性マスク、除菌・消毒関連商品、自宅フィットネス、ゲーム・玩具、健康食品、自宅用オフィス家具、即席麺、冷凍食品、家飲み用アルコール、自転車など挙げればきりがありません。

　それに対して減退したものが、スーツ、ワイシャツ、交通費、化粧品、外食、旅行、遊園地、パチンコなどです。

　自粛したことで大切さを再確認したこともあります。飲み会、アミューズメント、旅行、嗜好品の買い物、スポーツ、エンターテイメントなど、人と会って余暇を共有することがどれだけ生活に喜びを与えてくれていたかを知るきっかけとなりました。

　これらはコロナの収束如何で今後の動向が大きく分かれるところです。ここでお伝えしたいことは、**コロナによって体験した利便性はコロナが収束したとしても継続し、減退したものはコロナ前に戻ることは難しい**ということです。

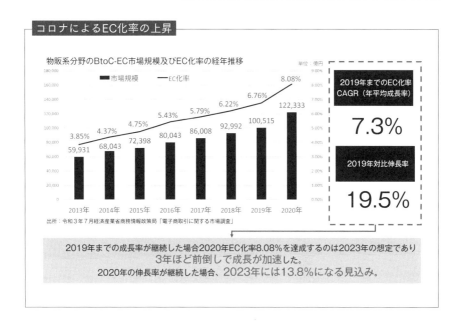

コロナによるEC化率の上昇

物販系分野のBtoC-EC市場規模及びEC化率の経年推移

出所：令和３年７月経済産業省商務情報政策局「電子商取引に関する市場調査」

2019年までの成長率が継続した場合2020年EC化率8.08%を達成するのは2023年の想定であり3年ほど前倒しで成長が加速した。
2020年の伸長率が継続した場合、2023年には13.8%になる見込み。

　上の図は、コロナ禍に通販の利用が拡大し、EC化率10％は超えないであろうと言われていた定説が崩れ、おそらく2024年までに15％に近づいていくことを示しています。これは通販市場の成長が３〜４年前倒しで加速したことを意味します。単純に店舗売上がECに移行した場合、固定費の大きい店舗の収益性がさらに悪化するのは明らかです。

　では、どの企業もECを強化すればいいかというと、そう単純な話ではありません。皆さまの企業が軸としている商品や価格帯によっては、ECではなく店舗のデジタル化を強化するほうが成果の出る場合があります。トライアルカンパニーやファミリーマート、ローソンがEC事業から撤退・縮小したことが代表的な例です。

　減退した商品が売上の軸となっている場合は、抜本的な改革が必要になることでしょう。スーツ専門店はコロナによってさらに厳しい市場となりました。コロナによってビジネスカジュアルを体験した企業は、コ

ロナが収束してもその流れを踏襲する企業が増えることでしょう。その市場環境の中でスーツを主軸に業績を向上させるのは大変厳しいと言わざるを得ません。デジタルツールを導入するだけでは成果が出ず、経費と時間を浪費することにもなりかねません。

　ビジネス街の小売店は業績が悪化し、住宅街が伸長しました。これはもちろん出社している人が減ったということですが、外食市場の消費が住宅街の小売店に流れ、アルコールや総菜の需要が高まったことも起因しています。

　全体の商品構成を再編することは必須であり、さらに立地別に品揃えを最適化させていかなくては通用しない時代に突入しました。チェーンストアオペレーションを進化させた、細部は地域に対応してカスタマイズするモデルがこれからの主流になることでしょう。

　コロナ後ワクチンの効果や政府の発信によって刻々と変わる消費変化を、タイムリーに精緻につかむ役割をデジタルが担います。過去のデータを踏まえてどのような商品・売り場構成にすべきか、一歩先の未来もデジタルによって見えてきます。

　その際、全国一律の従来のチェーンストアオペレーションの考えでシステムを設計した場合、どんなに高い機能も時流に適さない動きとなるので注意しましょう。その設計・仮説は人が担うことを忘れてはいけません。

▶3兆円規模に拡大する可能性のあるDX市場

　次にDXの市場性を確認してみましょう。コロナの影響によって2030年のDX市場の予測が約30％近く上昇しています。2021年現在、1兆4,000億円にのぼると言われているDX市場が2030年には3兆円を超える予測が出ています。

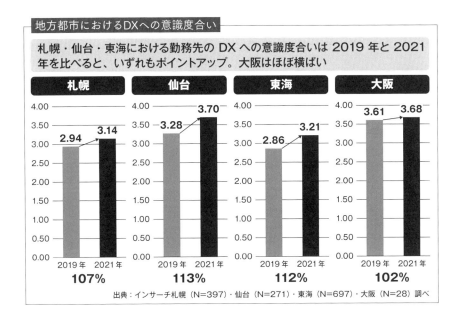

地方都市におけるDXへの意識度合い

札幌・仙台・東海における勤務先の DX への意識度合いは 2019 年と 2021 年を比べると、いずれもポイントアップ。大阪はほぼ横ばい

札幌	仙台	東海	大阪
2.94 → 3.14	3.28 → 3.70	2.86 → 3.21	3.61 → 3.68
2019年 2021年	2019年 2021年	2019年 2021年	2019年 2021年
107%	**113%**	**112%**	**102%**

出典：インサーチ札幌（N=397）・仙台（N=271）・東海（N=697）・大阪（N=28）調べ

　この上昇を牽引するひとつの要因が、地方企業・中小企業のDX加速です。コンサル会社やIT企業などDXを支援する企業の主戦場は、これから都市ではなく地方に移行することでしょう。

　弊社が各地の企業と連携して独自に調査した結果をご覧ください。アンケートは札幌、仙台、東海（愛知・静岡）、大阪の就労者を対象に実施しました。まずご覧いただくのは、コロナ前の2019年と現在（2021年）における勤め先でのDXへの意識度合いです（度合いは10段階の回答結果の平均ポイント）。

　札幌では、そのポイントは2019年が2.94、2021年は3.14と７％アップとなっています。仙台では、2019年が3.28、2021年は3.70と13％アップです。東海では、2019年が2.86、2021年は3.21と12％アップです。一方、大阪は2019年と2021年の比は２％アップに留まっています。この中で都市規模が比較的大きい大阪は意識変化が少なく、地方都市のほうが意識の変化が大きくなっており、コロナを契機に意識が高まったと推測され

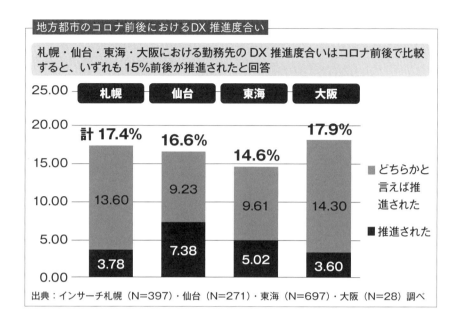

地方都市のコロナ前後におけるDX推進度合い

札幌・仙台・東海・大阪における勤務先のDX推進度合いはコロナ前後で比較すると、いずれも15%前後が推進されたと回答

出典：インサーチ札幌（N=397）・仙台（N=271）・東海（N=697）・大阪（N=28）調べ

ます。

　意識度合いの変化はいずれも微増ではありますが、確実に意識が向上しています。そのことは、次の結果からも見て取れます。

　上の図は勤め先におけるコロナ以前と比べてDXが推進されたかどうかの質問の結果です。札幌では17.4%、仙台では16.6%、東海では14.6%が推進された（「推進された」「どちらかと言えば推進された」合算）という結果になっています。

　『2021年版「中小企業白書」』（中小企業庁）によると、全国的に見てもデジタル化の優先度が高いという企業の割合は、コロナ流行前で45.6%でしたが、コロナ流行後で61.6%となり、16ポイント上昇しています。

　前述の各地方都市におけるDXが推進されたという数字とも近しくなっており、都市部、地方都市に関わらず、DXへの関心が高まってきて

います。しかし、具体的にDXに着手している企業はまだ少なく、未着手または途上企業の割合が9割以上と言われています（経済産業省「デジタルトランスフォーメーションの加速に向けた研究会 DXレポート2（中間取りまとめ）」2020年12月）。

　加えて人的資源についても、DXを担う専門人材は、首都圏への偏在が顕著であると言われています（経済産業省「スマートかつ強靭な地域経済社会の実現に向けた研究会取りまとめ」2021年6月）。

　リモートワーク、Web会議、電子決済など必要に迫られて導入されたことをきっかけにDXが推進されたという声が、今回の弊社調査でも確認されています。まさにコロナをきっかけに、地方の中小企業でDX推進がはじまっていると言えるでしょう。その変革はまだ端緒についたばかりで、具体的な行動をとれている企業は数少なく、暗中模索の段階と言えます。このタイミングを逃すと、レガシー文化企業から脱却する機会を逸し、デジタル社会から取り残されてしまう可能性もあるため、決して後回しにせずアクションを起こすことが必要です。

4 自社の現状10のチェックリスト

▶ As isとTo beを明確にし
FIT and GapとFIT to Standardの選択

「As is」「To be」「FIT and Gap」「FIT to Standard」という言葉をご存じでしょうか。端的に言うと「As is」は現状、「To be」はめざす姿、「FIT and Gap」はめざす姿と現状の乖離を明確にし、システム・業務の側面から対策を講じる考え方、「FIT to Standard」は追加システム開発を行なわず、標準機能を最大限活用するスタイルを意味します。

従来はFIT and Gapのスタイルが基本でしたが、アドオンで追加開発の工数とコストが増大するケースが多く生じたため、昨今ではFIT to Standardを重視する企業が増えています。

その理由はスピードが大きく影響しています。小売業は変化のスピードが大変速い業界です。As is とTo beをまとめるために社内確認に時間がかかりすぎて適切なタイミングを逸するようでは、いかなるフレームワークも意味をなしません。

FIT to Standardが注目されるようになったのも、システム開発を進めている間にも現状業務の非効率が継続され課題が変動していくため、迅速に展開したい企業にとって適した考え方だったからです。

また、システムに業務を合わせるのではなく、業務にシステムを合わせるほうがユーザー目線であると感じるかと思います。しかし、現状の業務にムダが多かった場合、それにシステムを合わせると余計に入力作業が増え、社内から批判の声ばかり挙がるというケースが少なくありません。さらに、ユーザーが正確に入力をせず、せっかくお金と時間をか

けて作ったシステムが分析にまったく寄与しない形骸化したものになることさえあります。

　小売業に合ったシステムを選定し、そのシステムを使いこなすために業務を変えるほうが、今あるムダをなくすきっかけになります。システムの機能分析と現状業務の分析は密接に関係するので、DXを推進するリーダーはこの点を踏まえて進めていくようにしましょう。

　FIT and Gap、FIT to Standardどちらのスタンスを取るにしても、まずは現状の業務を的確に把握するのが第1ステップです。

自社の現状10のチェックリスト

目標と現状を指数化し、自社の DX の進捗度を把握する

**自身の現状を自社採点した後各課題を細分化し、
何が DX を推進する際のボトルネックになっているかを抽出**

No	チェック項目	目標	現状
1	店舗レジ決済業務のデジタル化・効率化	4	2
2	店舗の在庫管理・発注業務の効率化	4	1
3	店舗の品出し業務の効率化	4	3
4	店舗の売上報告に関する業務効率化	4	2
5	本社・店舗の会議・報告の効率化	4	3
6	物流経路の最適化	4	3
7	データの統合・一元管理	4	3
8	店舗・EC の連携モデルの確立	4	1
9	本社の商談・決裁のデジタル化	4	2
10	本社の人事・法務・経理のデジタル化	4	4

図はまず会社全体でどのテーマの改善が重要でその進捗状況を把握するチェックリストの一例です。重要かつ進捗が芳しくない領域について業務フローを整理することが次のステップです。業務フローは単一部門ではなく複数の部門が関わっていることがほとんどですから作業工程や承認フローの全体像を網羅的に把握することに留意します。現状分析を行う際、定量項目と定性項目を分けて考えると整理がしやすくなります。定量項目は業務時間、人数、会議数等数字で把握できるものをさします。定性項目は業務フロー、ルール、役割など数字では測れない項目です。

▶ システム導入の前にまず業務で止めることを決める

　ある小売企業A社の例を挙げましょう。A社は本社、エリア統括本部、店舗と３つの部門があり、３つの部門が月に会議を10回開催していました。参加人数は平均５人、会議時間は１回１時間で、参加者全員が会議にかけている時間は合計50時間。そしてこの会議の資料の準備のために担当メンバーが10時間かけていました。それを加算すると毎月100時間会議に使っている計算になります。

　しかもこの会議は重複する内容が多く、縦割りの組織のために同じ報告を２回以上していることが多数確認されました。A社は本社の権限が強く、店舗は本社の承認を得るために"本社目線"の資料を毎月作成していました。お客様に最も近い店舗の人たちが本社に目を向けて仕事をしていては本末転倒です。結果、権限を店舗に移譲し、重複している無駄な会議を廃止しました。権限を変えたことで業務フローも変更され、各会議で議論すべきこと、決定すべきことや指標を改訂し、会議の精度を上げることにも取り組みました。最終的に、時間にして３割削減、人件費にして年間100万円を削減するに至りました。

　100万円と聞くと小さな金額に聞こえるかもしれません。しかしこれはたった１店舗の数字です。100店舗を持つA社全店に波及させると、

単純計算では1億円にものぼります。

　1億円は人件費換算した場合の数字ですが、それだけの経費を削減したことが成果ではありません。DXを推進する際にどれもこれもデジタルで対応しようとすると、逆にIT投資の費用とそのための労力が増えるケースがあります。DXを進めることで、デジタル活用の範囲ではない業務のムダを洗い出すきかっけとなるのです。それがA社の副次的な成果でもあったのです。

　そして、その業務のムダを洗い出した上でデジタルを活用する領域を決めていきます。たとえば、競合の価格調査や天候・気温による市場予測などです。これを毎回人が調べ、しかも同じ作業をさまざまな部門が行なっていることも少なくありません。このような作業を、デジタルを活用することで精度を上げ時間も効率的にしていきます。

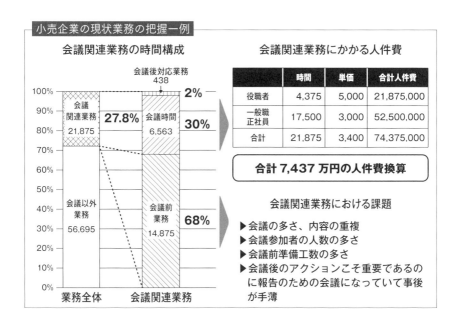

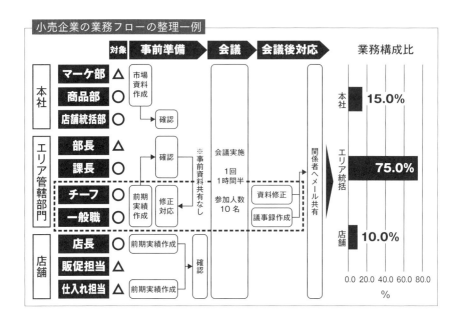

小売業では今、リージョナル（地域）重視の傾向が高まっています。本社ですべてを決めて店舗に指令としておろすのではなく、各店舗のニーズが多様化されたことに対応するために、店舗に権限を持たせてスピーディに顧客対応していくことが主流になりつつあります。

A社はこのリージョナル対応を強化することに舵を切り、業務のムダを洗い出すとともに、デジタル活用のステップへと進めていった好例です。定量面と定性面の現状課題を的確に把握し、めざす姿に近づくことができました。

次ページに現状分析（As is）を進めていく際の基本的なフレームを示しているので、実施の際にはご参照ください。

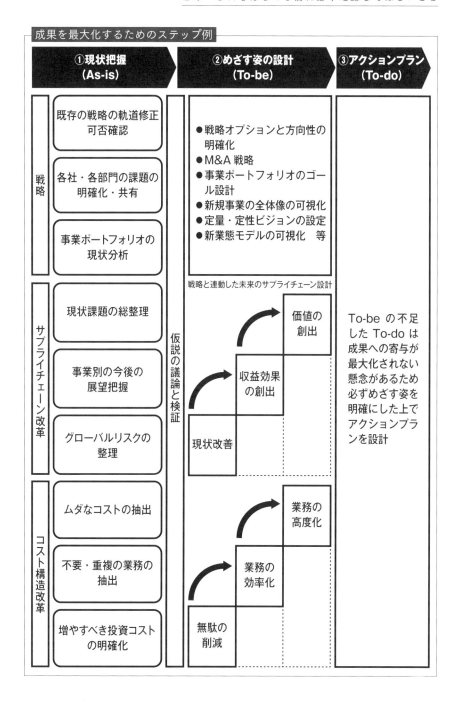

成果を最大化するためのステップ例

| ①現状把握 (As-is) | ②めざす姿の設計 (To-be) | ③アクションプラン (To-do) |

戦略
- 既存の戦略の軌道修正可否確認
- 各社・各部門の課題の明確化・共有
- 事業ポートフォリオの現状分析

- ●戦略オプションと方向性の明確化
- ●M&A戦略
- ●事業ポートフォリオのゴール設計
- ●新規事業の全体像の可視化
- ●定量・定性ビジョンの設定
- ●新業態モデルの可視化　等

サプライチェーン改革
- 現状課題の総整理
- 事業別の今後の展望把握
- グローバルリスクの整理

仮説の議論と検証

戦略と連動した未来のサプライチェーン設計

価値の創出
収益効果の創出
現状改善

コスト構造改革
- ムダなコストの抽出
- 不要・重複の業務の抽出
- 増やすべき投資コストの明確化

業務の高度化
業務の効率化
無駄の削減

To-beの不足したTo-doは成果への寄与が最大化されない懸念があるため必ずめざす姿を明確にした上でアクションプランを設計

47

目指すべきサプライチェーンの方向性について（例）

As-is

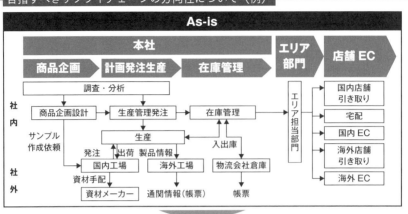

本社 ／ **エリア部門** ／ **店舗 EC**

商品企画　計画発注生産　在庫管理

- 社内
  - 調査・分析
  - 商品企画設計 → 生産管理発注 → 在庫管理
  - サンプル作成依頼
  - 生産
- 社外
  - 発注 / 出荷 / 製品情報 / 入出庫
  - 国内工場　海外工場　物流会社倉庫
  - 資材手配
  - 資材メーカー → 通関情報（帳票）　帳票

- エリア担当部門
- 国内店舗引き取り
- 宅配
- 国内 EC
- 海外店舗引き取り
- 海外 EC

想定される課題仮説

- リージョナルシフトに向けた本社とエリアの業務改革
- サプライチェーン各領域での業務の重複・効率化
- 削減した時間の高度化の方向性策定

To-be

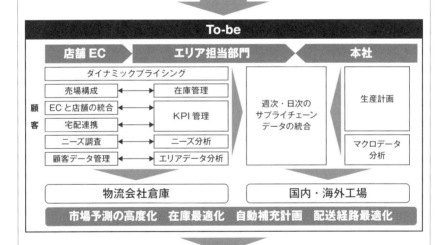

店舗 EC ／ **エリア担当部門** ／ **本社**

- 顧客
  - ダイナミックプライシング
  - 売場構成 ⇄ 在庫管理
  - EC と店舗の統合 ⇄ KPI 管理
  - 宅配連携
  - ニーズ調査 ⇄ ニーズ分析
  - 顧客データ管理 ⇄ エリアデータ分析
- 週次・日次のサプライチェーンデータの統合
- 生産計画
- マクロデータ分析

物流会社倉庫　　国内・海外工場

市場予測の高度化　在庫最適化　自動補充計画　配送経路最適化

想定される課題仮説

- 本社・エリア部門・店舗の権限・業務の変革
- 目指す姿の明確化・共有化
- 移動平均法導入の可否判断と障壁の明確化
- 分社化を見据える場合のメリット・デメリットの整理

48

5　自社の展望10のチェックリスト

▶ **定量目標と理想となる業務の形を明確にする**
ビジネスモデルを変革する場合はゼロベースで構築

　次にTo be、めざす姿について整理したいと思います。めざす姿とひと言で言っても、テーマによってさまざまな形があります。
ビジネスモデルを変える場合と人事部門の改革では、めざす姿はもちろん異なります。

　必ず避けるべきは、めざす姿を描かずしてDXを進めることです。Asisからやるべきことを導くステップでは、現状の不便を解消するための業務改善に留まってしまうからです。デジタル変革は今ある問題点を改善するのみではなく、これからの小売市場を勝ち残るためにどのような姿をめざすべきか、この議論を入念に行なうことが必要です。

　まず、自社がどのような方向性に向かうのかチェックしてみてください。図で示した企業の場合、出店は強化せず、既存店収益改善が最大の優先事項です。既存店のシェア拡大と店舗の経費削減を両立するにはどのような状態が理想の姿かと考えます。

　めざす姿を考えるにおいても、定量と定性の２つに分けて整理します。商品廃棄・返品率を10%から５%へ、来店頻度を週に２回から３回へ、１坪当たり回転率を年間15回へ、などが定量目標にあたります。

　定性目標は、分析業務の自動化、品出し業務の効率化、アルバイト勤怠管理の自動化などです。

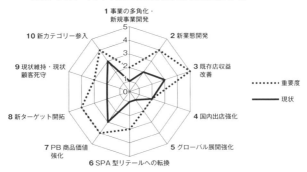

自社のビジネスの展望と現状差異を把握する

戦略の重要度と現状の進捗にどのような差異があるかを顕在化させ、優先的に取り組む領域を絞り込む

No	チェック項目	目標	現状
1	事業の多角化・新規事業開発	2	1
2	新業態開発	4	2
3	既存店収益改善	5	3
4	国内出店強化	2	2
5	グローバル展開強化	2	1
6	SPA型リテールへの転換	3	1
7	PB商品価値強化	4	3
8	新ターゲット開拓	4	2
9	現状維持・現状顧客死守	3	2
10	新カテゴリー参入	4	3

▶デジタルを活用し売上5倍を達成した老舗ゑびや

　DXの成功例によく挙げられるのが、伊勢市にあるゑびやという老舗のお土産・飲食店です。創業約150年の老舗店がAIを活用して売上5倍、利益率10倍、平均給与5万円アップという驚異的な数字を達成しました。以前は手切りの食券や手書きの帳面、勘に頼った仕入れが主体であった管理体制を、データをもとにした仕入れの最適化をすることで、売上アップのみならず食品ロスの防止にもつながると考えました。同店

は、過去の売上・気象・曜日、近隣の宿泊顧客数などのデータから翌日の購買予測をAIが行ない売り場構成や人員配置を精緻にして成果につなげたことで有名です。

　情報共有基盤をクラウドに一本化し、バックオフィスで見るダッシュボードはシンプルでわかりやすいものとなっています。会議はテレビ会議を積極導入し、効率化を図りました。画像解析システムも導入して通行者数、来店者数、来店者購買率、顧客感情までを把握し、効果検証と対策のサイクルを良好に展開しています。

　これは現状改善の視点だけでは決してなし得なかったはずです。

　データに基づく仕入れと売り場の最適化を行なう。顧客の声を直接聞いている従業員同士のコミュニケーションを活発化させ、課題解決に一丸となる。こういう理想の姿にするのだという指針があったからこそ、従業員の皆さまが共通意識を持てたのだと思います。

　ビジネスモデルを変革する場合、理想の姿は現状の延長線上ではないはずです。店舗のショールーム化・物流拠点活用、PB品を他の小売店にも卸すBtoB化、サブスクリプション型、無人・少人店舗開発などを検討する企業が昨今増えています。そのような場合、商品・価格・チャネル・販促、オペレーション、組織に至るまですべてに変革を及ぼします。

　その理想の姿を暗中模索しながら描き、それがどう収益に貢献するかをシミュレーションしなくてはなりません。しかもスピーディに。

　対象となる部門も多岐にわたるため、社内を横断的にプロデュースするリーダーが必須となります。DXは単一部門ではなく横断的な連携を加速させることが難しいからこそ、めざす姿を描けていないと、関わるメンバーの頭の中で異なる認識を持ってしまいます。めざす姿の議論は最初のステップで最も頻度高く深く行なうようにしましょう。

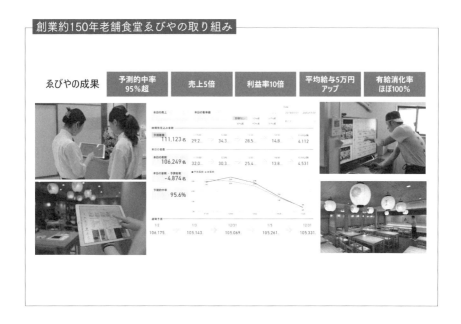

創業約150年老舗食堂ゑびやの取り組み

▶DXでめざしたい姿と意識

　どの領域であっても押さえておきたいポイントを次に整理します。

・必要な情報をリアルタイムで抽出→経営・店舗の即時判断の実現
・市場の変化に対応できるシステムの柔軟性→ITコストの最適化と市場対応力の強化
・外部サービスとの連携→外部データ（市場データ、競合データ、異業種データ等）を取り込めることでデータ精度が向上
・部門を超えたデータ活用→顧客視点に立脚した全社最適の実現

　これらはDXを失敗させてしまう課題と表裏一体です。DXを推進する際、「それはシステム部門や販促部の役割」と捉える無関心層が発生します。DXは単一部門で成功できる簡単なものではなく、全従業員に関

わることです。

　また、小売業で見かけるのが、小売業の実務を知らないCIOと、テクノロジーの知見が足りない他の部門との連携がなされないケースです。

　外部から登用されたCIOがテクノロジーの知識だけを振りかざし、前職で行なってきたことを無理に進めようとすると、小売業の現場には適さず、何より長年小売業で働いてきた現場社員から協力が得られません。

　現場社員側にITを勉強する姿勢が希薄な場合も、システム部門と店舗部門が分断されてしまい、うまくいきません。

　ITベンダーやコンサル会社に丸投げしてしまうことも散見されます。パートナー企業に頼ることは必要ですが、あくまで旗振り役は小売業である皆さまです。小売業に関わるすべての人がDXに関する意識を強く持つことが必要です。

　この意識改革がなされないことがボトルネックになり、DXが進まないということすらある大変重要な課題です。現状の業務課題には詳しくても理想なる姿は描けないという事態が発生するのです。

　31ページに書いた理想の姿を検討する際の議題を参考にしながら、全部門横断の議論を活発化させてもらいたいと思います。

3章

DXの選択と集中

1 ×DXは網羅しなくてはならない
○自社の必要項目を選定

▶ DXへの壮大なイメージの払拭
トライアンドエラーのスタンスが大事

　事業における選択と集中の重要性は、普遍的に言われてきたことです。DXにおいても、選択と集中がその後の成否を分けると言っても過言ではありません。事業の選択と集中とは、自社の得意領域を見極め、その事業分野に対して経営資源を集中的に投下することで経営効率や業績を高めることです。

　DXに置き換えても同じことが言えます。前章でも触れたように、DXにおいて、すべてを網羅しようとする必要はありません。DXにおいて集中する分野を決める、換言すればやらないことを決めるということです。

　右の図をご覧ください。

　縦軸が現状の業務効率、横軸が今後顧客対応を高度化させていくポテンシャルを示す4象限の図です。

　自社内で検討しているDXの各領域がどこに該当するか、想像してみてください。

　たとえば、A社の経理部門から「とにかく毎月の請求書発行業務が手間である」という声が多数挙がっています。B社は、顧客の購買データ分析業務を人が担っていて、時間はかかるし精度が低いという状況です。どちらも経理や売上管理を扱う部門の領域の話ですが、A社のテーマは③、B社のテーマは①に該当します。

　A社の場合、経理の作業だけが楽になり、その先に顧客への対応力が向上しないのであれば、優先順位は低いと捉えましょう。

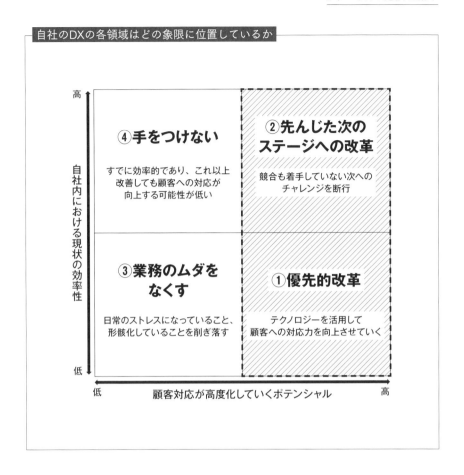

自社のDXの各領域はどの象限に位置しているか

④手をつけない
すでに効率的であり、これ以上改善しても顧客への対応が向上する可能性が低い

②先んじた次のステージへの改革
競合も着手していない次へのチャレンジを断行

③業務のムダをなくす
日常のストレスになっていること、形骸化していることを削ぎ落す

①優先的改革
テクノロジーを活用して顧客への対応力を向上させていく

自社内における現状の効率性（高→低）

顧客対応が高度化していくポテンシャル（低→高）

　ただし、残業が増加しているなど労務の問題があるのであれば、ムダをなくす、ルールを変えるなどの対策を講じ、それでも改善されない場合は経理用のITツールを活用することを検討します。

　ITツールを導入する際は、多額な投資やツールを入れるために人の工数をかけすぎないことが肝要です。顧客対応を向上させることに資源を集中させ、1部門だけの課題はコンパクトに解決していくことが望ましいのです。

　もうひとつ、DXのテーマでよくあがる部門があります。それは人事

部門です。人事部門は組織、採用、評価、教育など重要なテーマを抱えている部門です。新卒のエントリーシート確認や中途採用者の書類選考、面接手配など作業の多い部署なので作業をデジタル化できないのかという声がよく挙がります。

作業を軽減させたいだけであれば、図の③に位置します。

しかし、デジタル時代の小売業のあり方に対する意識を全社員レベルアップしたい、そのために評価制度や研修制度を変えてデジタルを活用していかに顧客対応をよりよくできるかを再構築したい、そのような場合は①に該当します。

評価を上長のスタンスや長年の勘に依存させず、データ活用やデジタルによる店舗の体験、ECと店舗の連携などを評価制度に盛り込みそれを評価システムで統一の管理を行なう。研修もe-Learningでいつでもどこでも各自が自由な時間で受講を可能にし、全社員漏れなく受講を徹底させる。試験はWeb上で行ない、その進捗によって昇格・昇給にも連結させる。それによって顧客のデータを集めることやECへ誘導することを促進できれば、顧客対応が向上していきます。

③に該当することに優先的に着手し、それがDXだと勘違いしてしまう企業が多いので注意しましょう。まず①を優先する意識を持ちましょう。そして②にチャレンジできる企業は少ないかもしれません。しかしこうありたいポジションが②なのです。

▶トライアルカンパニーの攻めのDX

小売企業で②のゾーンで参考にすべきは、トライアルカンパニーではないでしょうか。同社はECサイトを閉鎖しました。まさにDXの中で止めることを決めたのです。そして店舗を徹底的にデジタル化しました。同社の店舗はもとから効率的な状態になっていたように思います。

オペレーションを簡潔にするために、店舗什器ではなく段ボールを用

い、余計な装飾はせず、わかりやすい売り場レイアウトと価格訴求に集中していた企業でした。その売り場の効率性を商品の価格に転嫁させ、ディスカウンターとしてのポジションを確立していました。

　AIの活用によって、さらなる高度化にチャレンジしました。しかも競合各社よりも先んじて着手しました。

　AIカメラは商品の欠品情報や店内の人の流れをデータ化し分析します。スマートショッピングカートではカートのタブレット端末で商品のスキャンから会計まで可能なので、レジ待ち時間を解消し、店舗の人手不足にも貢献します。商品情報に合わせたレシピ提案をすることで、まさにカートに一人ひとりの接客員がいるような状態を作り出します。

　売り場における顧客対応を高度化していくこと、すでに自社内では効率化されているが、テクノロジーの力によってさらにひとつ上のステップをめざす、これがトライアルカンパニーの取り組みには見てとれます。

　トライアルカンパニーのように①と②を優先し、取り組まないことも明確にしてDXを進行していきましょう。重ねて述べますが、③だけに陥らないよう十分に留意してください。

2 DXにおいても変わらない、 小売業の普遍的ノウハウを捨てない

▶ デジタルでPDCAをまわすためには
▶ 小売業ならではの成功法則を定義すること

　デジタルでビジネスを変革するというと、「すべてを変えなくてはいけない」と誤解が生じる場合があります。

　小売業には、長年培われてきた普遍的なノウハウがたくさんあります。坪効率、交叉比率（粗利率×商品回転率）、52週販促計画、商品の独自性、接客による地域コミュニケーション、粗利構成比≒店舗面積構成比、商品廃棄・返品率など、デジタル時代においても見るべき指標や守るべきノウハウを変えてはいけません。

　今、飛躍的に伸びている小売企業には、その普遍的なノウハウが備わっています。業務スーパーを展開する神戸物産と、作業服や安全靴販売のワークマンは代表例です。

　神戸物産の株価は2017年1月6日時点で523円でした。それが2020年12月30日には3,180円、成長率608％という驚異的な数字です。ワークマンの同期間の成長率も513％と圧倒的な結果です。2社がどのような普遍的ノウハウをおさえているかを整理していきましょう。

▶自社独自の商品企画力と製造力が強みの神戸物産

　業務スーパーを利用したことがある方は十分に感じていると思いますが、商品の独自性と利便性が高い支持を得ています。業務スーパーのヒット商品であるカスタードプリンは、1kg 270円前後で販売されています。カップ1個ではなく1kgです（2021年8月時点）。包装は牛乳パックと同じ形態です。牛乳パックから1kgの大きなプリンが出てくる見栄

えは圧巻です。そしてこの安さは「安かろう、悪かろう」ではまったくないのです。

業務スーパーは自社グループ工場で製造しているので、低コスト高品質を実現し、かつ品質安全検査も自社で徹底しています。独自のおいしさを備え、安く、安全。業務スーパーという名前から飲食店向けのスーパーと誤解する方もいるかもしれませんが、食べ盛りのお子さんをもつファミリー層から高い支持を得ています。

安く提供できる要因のひとつに製造工程があり、同一工程、同一の包装素材を活用し、同じ生産ラインで水ようかんやコーヒーゼリー、カスタードプリンを作っているのです。1商品のためだけに製造機械を揃えて生産ラインを作ると、その投資回収を考えると販売価格に転嫁せざるを得なくなります。

価格以上の価値のある独自商品を提供する、これが小売業の根幹です。身を削るような値引きをするのではなく、生産工程や物流、包装などを工夫することで価格を安く提供する。これこそが真の安さです。小売業では値引き、セールが当たり前という印象があるかもしれませんが、伸びている企業は値引きをしているのではなく、定価自体が安いのです。安い定価でも利益を取れる工夫をしているからです。

値引きをする企業は得てして、憂き目を見てきたのが小売業の歴史です。他にも、業務スーパーにはリッチチーズケーキや冷凍カット野菜など多数の人気商品が誕生しています。おいしい商品と経済的な価格で地域のお客様に喜んでいただく、この小売業としての軸が強く備わっているのが業務スーパーです。

▶秀逸な在庫回転率とターゲット拡大を実現したワークマン

ワークマンについては、在庫回転率とターゲットに注目してください。アパレルでは特に新商品サイクルが短く、顧客ニーズに対応するに

は常に新商品を投入し続けなくてはいけないと考えがちです。

　しかし、はたしてこれが顧客と店舗のためでしょうか。新商品が毎月大量に投入されると発生することは、店舗の商品陳列の業務負荷と商品廃棄です。新商品に押し出されるように古い商品が返品・廃棄されるのです。このサイクルが定常化すると、小売企業はある程度の廃棄率を加味して値づけをしなくてはなりません。

　売り切るためにはセールを行ないます。すると消費者はセールを待つようになり、定価の段階では買い渋りが起きます。この悪循環を自ら生み出してしまう企業は少なくありません。

　一方、ワークマンには年間を通じて利用できる商品が多く揃っています。機能性をとことん追求したワークマンの商品は、今年だけのトレンドに左右されるのではなく、来年でも売れる商品力があり、その品質を目当てに購入した顧客は来年も再来年も長く使うのです。つまり、前述の悪循環サイクルの逆を展開しています。

　ワークマンはその高い機能性の商品力によって、建設業の顧客のみならず、アウトドアや女性顧客へとターゲットを広げています。アウトドアで防寒や焚火に強い洋服を望む顧客にとって、ワークマンのウェアや靴は待望の商品との出会いです。

　ここからのワークマンの展開がさらに秀逸でした。

　同社はさらに従来の販売を支えてくれた建設現場のワーカーの方々が、他のお客様が増えたことで自分たち専門のお店ではなくなったと捉え離反しないような対策にも着手しています。

　ワークマンプラスさいたま佐知川店では、朝・夕はワーカー向け店舗、昼はアウトドアファッションや女性向けにワークマンプラスという店舗に転換しました。時間別に店舗レイアウトや装飾を変えるのは店舗の現場では至難の業ですが、商品が両ターゲットに支持されているので、照明やBGM、看板を変えることでその転換を可能にしました。

　デジタルサイネージを効果的に使い、ワーカー向け時間帯には建設現場や倉庫のイメージ訴求、ワークマンプラスの時間帯にはキャンプやハイキングのビジュアルを訴求する。時間によって姿の変わる店舗は、今後の小売業のあり方のヒントを多く秘めています。ワークマンからは、「他の小売業が行なっているからうちも同じことをやらなくては」という焦りを感じません。自社商品の機能にこだわり、少人数で行なっている店舗のオペレーションに十分に考慮し、自社として必須と捉えた部分にデジタルを活用するというスタンスが見てとれます。

　デジタルはお客様と店舗を大切にするためのあくまで手段であり、ITツール導入が目的になっていないお手本のような企業です。

3 むやみに調査しない、仮説ファーストが大前提

▶ 「現状総点検」という言葉は危険信号

「仮説が大切」とは、小売業のマーケティングで常に言われてきたことです。DXにおいても仮説が大変重要です。本章のタイトルである選択と集中は、この「仮説」にかかっているといっても過言ではありません。

よく最初のステップで「現状総点検」というフェーズが設定されていることを目にします。あえて極端な言い方をすると、総点検は必要ありません。やみくもに総点検をしてもDXはうまくいきません。

それでもうまくいく企業があるとすれば、全社的に改革の旗振りがトップの経営者によって強く発信され、多額の投資額も投じる覚悟ができているときのみです。

▶ 「現状総点検」から「改善」に至らないケース

ある大手企業で次のようなプロジェクトがありました。全社BPRというプロジェクトです。BPRとはBusiness Process Re-engineeringの略で、業務改革と言い換えることができます。

DXの推進に際して、業務の現状分析を最初にすることが多いため、BPRがセットになるケースが多くあります。その企業におけるBPRプロジェクトは全営業部門の現状業務をすべて洗い出すというものでした。

コンサルフィーだけで数億円単位の経費がかかりました。もちろん、担当したコンサル会社はそれだけ多額なフィーをもらい、責任を持って

その業務をまっとうしました。

　品質の高い報告書によって、各営業部門がどの業務に何時間かけていて、そのムダがどこにあるのかが明確になりました。

　社内申請のために毎回現場メンバーが大量の資料を作成している時間が残業の要因になっていることもわかりました。ルールでは申請は1枚と設定されているものでも、上長に指摘されるのを防ぎたくて別添資料を懸命に作っていました。そのような申請業務から経費精算、契約書チェック、評価業務、仕入れ業務、顧客提案業務まで、網羅的に洗い出したのです。

　期間にして1年間、ヒアリングに膨大な時間をかけました。

　資料自体は大変価値あるものでしたが、結局、その企業は改善のアクションまでには至りませんでした。なぜなら、現状総点検で出てきた内容が幅広すぎた、かつ、一つひとつの領域の深掘りが必要で、そこに社員の工数とさらに億単位のコンサルフィーがかかるので現状総点検フェーズでプロジェクトがストップしたからです。

　どの業務課題にテクノロジーを活用して顧客対応を強化していくかというDXのフェーズに至らず、「現状はなんとなくわかった。今後、気をつけよう」という意識段階でストップし、アクションが曖昧になりました。

　風呂敷を広げすぎ、収拾がつかなくなってしまったケースです。レベルの高い人材が多くいる大手企業でもそうなるのですから、中小・中堅企業ではなおさらそうした事態になりかねません。

　前述の「4象限の図」を使って、どの領域を変革すると顧客対応力が向上するのかという視点で、スコープ（範囲）を絞り込まなくてはなりません。

　そのためには仮説ファーストで臨むことです。現状総点検をしてみたら何かわかるだろう、このアプローチでDXがうまく推進できるかは、

はなはだ疑問です。

▶仮説設定に有効なデザインシンキングの
　　フレームワーク

　では、どうすればよい仮説を立てることができるのか。デザインシンキングのフレームワークを使うことがスピーディであり有用です。デザインシンキングとは問題解決をする思考法で、GoogleやAppleでも活用されています。デザインシンキングを進める際は、次の5つのプロセスがあります。

①共感：Empathize
②定義：Define
③アイデア：Ideate
④試作：Prototype
⑤検証:Test

　共感ステップでは、ユーザー視点で悩みや願望に共感するところからはじめます。その際、決して自身や自部門の希望を優先してはならず、顧客や店舗のユーザー視点で考察します。
　このステップにおいて、店舗や顧客を対象としたものではなく、社内メンバーを対象にした人事や経理、法務関連の業務を把握する場合はユーザーを社内の対象部門と設定し、そのユーザーの動きを共感するところからはじめましょう。
　自社の店舗において、お客様がどのような不満や願望を抱えているのか、ユーザーの立場に立って考えます。できれば実際にお店に赴いて、顧客と同じ流れをチームで体験することが望ましいやり方です。
　そして周囲のお客様の動きにも目を向けましょう。入店から退店までどのような行動をとっているか、それに対してお店はどのようなオペレ

ーションをしているかを再度把握することです。

「今さらそんなことをしなくても、大体お客様の動きはわかっている」という妄信は捨て去り、再度今のお客様の動きを体感しましょう。

ユーザー視点で悩みや願望を体感した後は定義のフェーズです。

共感ステップの中でお客様の不満や店舗の課題はここなのではないか、それが改善されると店舗の対応が変わりお客様が喜ぶのではないか、その勘所をいくつか探るのです。この共感と定義のステップが、仮説に該当します。すべて調べるのではなく、ユーザー視点でニーズの当たりをつけて対象領域を絞っていきます。

次に、アイデアのステップに入ります。

定義された課題・ニーズに対してどのような解決方法があるか、アイデアを出します。その際、批判・否定や評価を決してせず、アイデアを量産していくことが大切です。他の人の意見に便乗することも奨励し、お互いの意見を組み合わせて最適な流れを建設的に検討します。

それらのアイデアの中で解決策として有望なものを試作します。簡易なシステムを作ってみることもありますが、まずは紙に書き、アイデアの完成イメージをスピーディに可視化することを優先させましょう。

最後に検証です。アイデアを可視化したものを、ユーザーに反応を直接聞きに行きましょう。そこで得たユーザーの声から仮説を再度見直し、ブラッシュアップしていきます。優先順位などもつけていきましょう。

そうすることで仮説の品質が上がり、システムや業務の本格的な検証へと入っていけることになります。

DXにはシステムを導入することがつきものですが、システム導入の

際、PoCというフェーズがあります。PoCとはProof of Conceptの略で、概念実証と訳されることが多い言葉です。本格的なシステム構築をする前の検証工程として簡易版を作り、ユーザーの反応や数値的検証を行なうことを指します。

　PoCに入る前の仮説が良質なものになっていなくては、いくらPoCと言ってもムダ打ちになりかねません。良質な仮説構築のためにデザインシンキングのフレームを活用して、スピーディにサイクルを回していきましょう。

　スピード重視の時代です。広く浅く調べていては時間だけがかかり、タイミングを逸してしまいます。仮説をスピーディに立て、深く検証していく流れを必須と捉えましょう。

4 小売のDXを支える 主要ITプレーヤー

▶ **小売業に特化したサービスを知る**

　DXの推進において委託するIT企業を選ぶ際、品質が高く、かつ小売業に特化したノウハウを保有しているかが大変重要です。このITパートナーの選択を見誤ると大変なトラブルになり、DXのプロジェクトがストップします。

　一例を挙げます。

　ある小売業でマーケティングオートメーションシステムを導入しました。しかしその企業は完全にITパートナー企業の選定を見誤りました。選んだMA（マーケティングオートメーション）の企業は、元はWeb制作会社からはじまった企業であり、まだ知見も浅く、営業だけが上手であったため、そのサービスの品質が自社に適さないことに気づかず契約してしまいました。

　その後はトラブルの連続。IDが統合できない、誤送信も誘発してしまう。POSデータやWebアクセスデータと統合してデータ活用の高度化をめざしていたのに、トラブルが起きてはクレームに発展してしまいます。大手企業としてこれは由々しき問題となり、そのシステムに関係するすべてのプロジェクトをストップせざるを得なくなりました。

　嘘のような話ですが、実際にあったことです。

　システムは、広告業務やWeb制作業務とはノウハウが異なるのです。安易にシステムに手をつけ受託してしまうと、外から見ると単純に思えるメール配信でさえ、安全に送れない事態を引き起こすのです。

一般的なDXの分類と主要プレーヤー

主要領域		主要プレーヤー・製品

顧客接点

接客・人員配置	プライシング
需要予測	広告・POP・ビジョン
店頭属性分析	仕入・売場構成
決済	マーケティングオートメーション

社内インフラ

営業管理/ツール	経理・監査
法務	物流・在庫
人事	総務
セキュリティ	基幹システム

- ●**広告会社**（サイバーエージェント、フリークアウト等）
- ●**ITベンチャー**（ABEJA、アドインテ、AWL等）
- ●**戦略コンサル**（マッキンゼー、BCG、アクセンチュア等）
- ●**分析系企業**（ブレインパッド、サイカ等）
- ●**データ統合系企業**（トレジャーデータ等）
- ●**SNS専業企業**（リデル等）
- ●**大手IT企業**（マイクロソフト、IBM等）

- ●**総合コンサル**（アクセンチュア、PwC、デロイト、KPMG、EY等）
- ●**SaaS企業**（HRブレイン、Legal Force、ジョブカン、サイボウズ等）
- ●**RPA系企業**（UiPath、WinActor、BluePrism、BizRobo等）
- ●**基幹システム系企業**（オラクル、マイクロソフト、SAP、GRANDIT等）
- ●**物流支援企業**（物流コンサル、物流最適化システム、ロボット等）

　連携するIT企業に、本当にシステムの知見があるかどうか、企業の軌跡を含めて見定めないと、DXプロジェクトが社内において大変イメージが悪いものとなり、士気に影響してしまいます。

　コンサル会社も同様です。DXコンサルタントを名乗る人や会社が数えきれないほど現われていますが、システムに一切携わったことがない人が名乗っているケースが散見されます。
　ビジネス戦略と最新テクノロジー、システムの導入、これら3つのノウハウと実績は、DXをコンサルする会社には必須の事項です。安いか

ら、営業が上手だからというだけで委託すると、取り返しのつかないことになります。

　図に、小売業のDXに関する代表的なカテゴリーとその代表的なプレーヤーを整理しました。あくまで候補ですので、皆さまの会社の現状に合わせて入念な打ち合わせや検討を経たのちに依頼されることを前提にご覧ください。

　特に、AIカメラについては店舗の属性把握において必須のテクノロジーであり、注目企業であるAWL社をご紹介いたします。

▶AWL社の提供するAIカメラソリューション

　AWL社（本社：東京都千代田区、北海道札幌市、代表取締役社長：北出宗治）は2016年設立の東京と札幌にオフィスを構えるITベンチャー企業です。ベトナムに研究開発用の子会社、インド工科大と技術連携、北海道大学発認定ベンチャー企業として産学連携も深めています。ドラッグストア「サツドラ」にてデータ取得・実証開発をするなど、小売業向けサービスに強い企業として注目を集めています。

　同社のもつサービスが「AWLBOX」や「AWL Lite」といったAIカメラソリューションです。どのような点で小売業に貢献するか、下記の通り整理しました。

①マーケティング強化
　・来店人数分析
　・性別年齢分析
　・レジ混雑分析
　・棚前立ち止まり状況分析
②店頭店内のメディア化
　・店内メディアの最適化（属性・行動に合わせたサイネージ広告切り

替え）

・視聴属性、視聴数、視聴率、視聴時間分析による広告精度向上

・外部企業に広告販売することで新収益創出

③防犯

・映像保存

・証拠映像抽出

・不審者検知アラート

④コロナウイルス感染症対策

・マスク着用検知

・発熱検知

・消毒検知（店舗入り口のアルコール消毒液の利用状況把握）

・距離検知（店舗内や特定エリアのソーシャルディスタンス測定）

・混雑度推定（店内の混雑状況推測し情報発信することで３密回避）

⑤データ活用・連携

・購買POSデータとの突合

・チャットボットやメッセージアプリとの連動による情報発信力強化

　以上のように、店舗のリモート化・デジタル（AI）化・省人化・メ

ディア化に貢献する要素を多く備えており、多くの小売企業が同社のサービスを導入しはじめています。品揃えの最適化と合わせて来店顧客分析は、小売業のDXにおいて優先度の高いソリューションです。

　前述の5つのテーマについて課題を抱える企業においては、AWL社のサービス導入を検討されることをお勧めします。

　もう1社、注目のサービスをご紹介します。

　XR技術で世界中の人々のあらゆるコミュニケーションをより表現豊かにするソリューションを提供する、株式会社Pocket RD（本社：東京都渋谷区、代表取締役：籾倉宏哉）と、快適なライフスタイルの提案を目指す豊島株式会社（代表取締役社長：豊島半七、名古屋市中区）の協業サービスです。

　Pocket RD社が展開する完全自動・無人バーチャルヒューマン生成システム「AVATARIUM（商標出願中）」が提供可能にする「採寸済のご本人のアバター」と、豊島社が展開する3DCGを活用しアパレルの生産工程の効率化に取り組む「VIRTUAL CLOTHING™（バーチャルクロージング）」が連携し、バーチャル空間においてアバターが着用する洋服データの製作と、その洋服データをバーチャルファッションやリアルな購入につなげていくサービスの研究が開始されています。この研究によるサービスの提供開始は、2021年秋を予定しています。

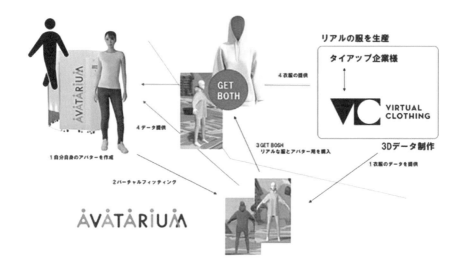

アパレルメーカーやキャラクターグッズなどを手掛ける企業、キャンペーンを企画する代理店・販促会社と連携し、来るデジタルツイン※の時代に新しいビジネスを切り拓いていくことでしょう。

※デジタルツイン：フィジカル空間の情報をIoTなどを活用してほぼリアルタイムでサイバー空間に送り、サイバー空間内にフィジカル空間の環境を再現すること。

▶Pocket RD社と豊島社がめざす姿

アバターに着せる服と、実際の衣服を同時購入する文化を「GET BOTH（商標出願中）」「BOTH BUY（商標出願中）」といい、「VIRTUAL CLOTHING™」のデータを、「AVATARIUM」で作成されたバーチャルアバターに着用させ、「GET BOTH」「BOTH BUY」をメタバース※やゲーム内で楽しむことができます。その体験を通じて新しいファッションの価値をユーザーに提供。また製作したデータをバーチャルフィッティングにも同時活用することで、ファッション業界のDX推進への貢献をめざしているモデルであり、今後の展開に注目が集まります。

※メタバース：インターネット上に構築される仮想の三次元空間。利用者はアバターと呼ばれる分身を操作して空間内を移動し、他の参加者と交流すること。

　その他、小売業のDXにおいて検討すべき主要なカテゴリーを次に整理します。

テーマ	店舗内データ分析	位置情報 ジオターゲティング	マーケティング オートメーション	AR／VR／MR
用途	▶入店客の属性分析 ▶店内動線分析 ▶店頭通行客入店率分析 ▶店頭物視認率分析 ▶品揃え分析 ▶欠品検知	▶行動経路に応じた広告 ▶広告実施前のスマホ捕捉数、傾向の把握 ▶マーケティング施策実施後の来店率検証	▶顧客ステージに応じたコミュニケーション ▶メール、広告配信業務の自動化 ▶サイト掲出内容の出し分け	▶遠隔からの店舗体験 ▶店舗におけるバーチャル空間提供 ▶ゲームとの連携 ▶バーチャル試着 ▶店舗の仮想現実販促
主要企業	▶マイクロソフト ▶スタンダードコグニション ▶AWL ▶ABEJA	▶アドインテ ▶Cinarra ▶Unerry ▶フリークアウト	▶セールスフォース ▶オラクル ▶SATORI ▶カイロス	▶X garden ▶カヤック ▶ロマンテックジャパン ▶PocketRD ▶Obsess

テーマ	物流・在庫管理	決済サービス	需要予測 店頭在庫最適化	接客・店舗対応
用途	▶倉庫内ピックアップ業務の省力化 ▶配送経路の最適化 ▶在庫の最適化 ▶サプライチェーン ▶自動出荷管理	▶決済端末提供 ▶レジレス決済 ▶ショッピングカート決済 ▶RFID、センサー、ICタグ活用 ▶後払いサービス	▶商品発注の最適化 ▶分析業務の省力化 ▶データに基づく店頭陳列 ▶タイムリーな売り場対応力強化	▶接客の効率化 ▶人員配置の最適化 ▶遠隔接客強化 ▶棚卸業務の省力化 ▶店頭ビジョン、デジタルPOPによる販促のパーソナライズ化
主要企業	▶バトラー ▶インダストリー・ワン ▶Alert Innovation ▶BLUE YONDER ▶Simbe Robotics	▶GMO ▶Retail AI ▶ポスタス ▶Tone Tag	▶マイクロソフト ▶日立システムズ ▶NEC ▶日本気象協会 ▶シノプス	▶サイバーエージェント ▶AWL ▶日本ユニシス ▶スピンシェル

　ここに挙げた企業以外にも、人事部門、法務関連、経理用ITツール、RPAなどバックオフィス用のテクノロジーは多数存在しています。それらは小売業に特化したものではなく、幅広い業種に汎用のきくものであ

るため、本書では割愛いたします。

　バックオフィス用のITツール導入をDXと誤解する企業も多いですが、それは作業削減から顧客に対する価値向上まで行きつくことを見据えてDXを進めると、良好な結果が出ると踏まえましょう。

　顧客とは消費者のみならず、宣伝部、店舗運営部、商品開発部、物流部など社内の人たちを"顧客"と定義する意識を大前提として進めることを推奨します。

5 目標数値を明確にする

▶ 目標を明示する覚悟が
市場の期待と現場の推進力を生み出す

DXを推進した結果、めざす数値は何なのか。

実はこれが明確になっていない企業が多く存在します。

いつまでに、という期日はコロナ禍の今明確にすることは必須ではありません。市場がここまで不確定な中、期日を決めることは上場企業であればなおさら株主に不明瞭な約束はできないはずです。

しかし目標数値は明確にするべきです。

EC化率何％をめざすのか、IT投資額をいくらにするのか、業務工数削減率、顧客ID件数などDXの先にある数値目標がなければ、現場は曖昧な行動を繰り返します。

世界を代表するアパレル販売企業となったファーストリテイリングは、2019年度に11.6％であったEC化率を30％にすると明示しています。日本の全業種のEC化率である6.76％の約5倍にあたる数値を目標にしているのです。

市場の変化が激しい今、目標数値を示すことはタイミングとして適さない、そう判断する企業も多く存在します。そのような企業は得てして成長が鈍化し、株式市場からの評価も下がり、時価総額を低下させています。

目標を明言するには、覚悟が必要です。その覚悟に、市場は今後生み出されるであろう推進力を期待するのです。

目標を決めることは、現場の統制力を高めることにもつながります。

ゴール数値の設定なきデジタルマーケティングや業務改善は、レベルの高い人ほど道筋が作りづらく、ストレスを抱えます。数値設計をするのにゴールが定まっていなければ、ゴールから逆算する各種KPIが設計できないのは明らかです。

　ファミリーマートも、目標が大変明確です。ファミペイアプリのダウンロード目標数1,000万ダウンロード、年間決済取扱高1,000億円、年間アプリ利用者数2,000万人、キャッシュレス比率50％、デジタル販促投資を15億円から30億円へ倍増。このように、いくつもの目標数値を明確に掲げています。

　ゴール設定があると、「では1,000万ダウンロードを達成するにはどうするか」とKPIの構造化に意識が向くようになります。

　多くの企業は、重要な取り組みはしっかりと明示されています。オムニチャネル戦略の進化、顧客のパーソナライゼーション、データ活用の高度化、EC強化などが代表的な例です。

　テーマとしてはもちろん重要です。しかしここに目標数値がないと、品質とスピードが鈍化します。株主、社員、取引先、メディア、顧客など各ステークホルダーから見ると、「テーマは綺麗な響きに聞こえるけれど、一体、どれくらいの量的目標を掲げているの？　そしてそれはいつ頃に完了をめざしているの？」という質問が湧いてきます。

　さまざまな目標数値を決める際に必要な視点は次の3点です。

①市場・顧客の視点	顧客ボリュームは〇〇であり、そのうち〇〇％にあたる〇〇万人を目標とする
②競合の視点	他社は〇〇という目標を掲げている。リーディングカンパニーの自社としては、他社の1.3倍はめざしたい
③自社の視点	費用対効果を考えると最低〇〇は必須、潤沢な利益を生むには〇〇という目標が望ましい

単一の視点で決めようとするのではなく、前ページの３つの視点を総合的にもつと、判断がスムーズになります。検討をお勧めいたします。

4章

DXのターゲットは
お客様と社員の2つ

1 △消費者だけに集中
　　○社員も顧客の１人として捉える

▶ 社内横断プロジェクトにすることが必須

　デジタルプロモーションであれば、顧客は消費者だけかもしれませんが、DXにおいてはもうひとつの顧客が存在します。

　それが社内のユーザーです。

　ユーザー視点の欠如によりDXが失敗する例は後を絶ちません。システム知見のみ、システム部門の見解だけでDXを推進するのは大変危険であり、ユーザーを顧客と見立ててユーザー目線で考察することが必須です。しかしそれはあくまで視点の話であり、**ユーザー部門のメンバーがお客様気分になり「DXは会社がお膳立てしてくれるもの」という意識をもつことは必ず避けなくてはなりません。**

　各部門に当事者意識を持ってもらうことを前提とした上で、ユーザー業務にいかに変革を起こせるかを常に意識し、進めていくようにしましょう。

　DXを推進するには、システム知見がなくては立ち行かないのは事実です。システム知見に加えて、それを活用する社内のユーザーへの次の３つの視点が重要となります。

▶①多角的ユーザーの視点

　人事システムや法務関連のシステムは、多岐にわたる部門の人が使います。店舗、商品部、物流部門、宣伝部、経営企画室はすぐに思い浮かぶユーザー部門でしょう。

　DXにおいては、ユーザーがさらにもうひとつ存在します。それがそ

のシステムを提供している部門メンバーです。ツールを使う側だけではなく、提供している側の業務課題にも目を向けなくてはなりません。

　DXには多角的なユーザーが存在することを必ず意識しなくてはなりません。

　ユーザー視点が欠如し、社内確認が希薄なままシステムに合わせる視点が強すぎると、システムのローンチ後、社内から不満が噴出します。主役はシステムではなく、あくまでそれを"使う人"であることを忘れずに進めていきましょう。

▶②業務効率化視点

　2つめが業務効率化の視点です。

　入力順序やルールを意識しすぎるあまり、利用者の入力作業や確認時間が増大し、システムを利用するための作業負荷が増大してしまうケースがあります。現状かかっている業務時間を的確に把握し、その現状数値と比較して効率化することを検証しながら進める必要があります。

　当たり前に聞こえるかもしれませんが、システム導入の作業が大変なあまり、システムを稼働させるための入力項目ばかりに目が向き、そこにかかる時間がおざなりになるケースが少なくないのです。

　1つの商品登録をするためだけに、業務ナンバーや申請ナンバー、見積ナンバー、契約書ナンバーなどを発番させると、いったい、何回ナンバーを入力するのだという事態を引き起こします。シンプルな入力項目と申請フローを心がけましょう。

　システムだけで完結せず、見積申請はメール、契約書保存先は共有サーバーなど、複数のフローが存在することも混乱を呼ぶので注意しましょう。

３つめがシンプルなアプトプットです。

店舗も経営層も繁忙な中で瞬時に現状を把握するアウトプットが求められます。しかし、表がズラリと並び、その数値をじっくりと読み込まないことには、どこに課題があるのかつかめない場合があります。パッと見てわからないので、データをシステムからエクセルに転記してグラフを作り、パワーポイントに貼って報告書完成、という状況に思い当たる方も多いのではないでしょうか。デザインや分析のアウトプットの見せ方に長けた人をDXプロジェクトに巻き込み、シンプルなアウトプットを専門で取り組んでもらうことをお勧めします。

▶ 複数の管理ツールを存在させない

ユーザー視点のDXを推進するにあたって防ぐべき象徴的なことがあります。それが管理ツールを複数存在させないということです。

特に数値管理と評価制度でこの状況は発生しがちです。

数値管理においては、せっかく管理システムを導入したのに、各部門が個別のエクセルで管理表を作成していて、システムよりも各自が手元で作成している数字のほうが実態に近いということがあります。

なぜ、このようなことが起こるかというと、ユーザーがシステム入力を手間と感じているからです。

システム入力に時間がかかって面倒だから、自分でエクセルを作り数字を管理する。すると、報告する数字がずれてしまうのです。

経営層はシステム上の数字を正として見ているのに、現場はエクセルで管理しているのでシステム上の数字が形骸化してしまうのです。

そして、経営層がちゃんとシステムに数字を入れなさいと指示を出すと、手元のエクセル管理表をもとに転記する。これでは何のためのシス

テムかわかりません。

　一元管理するためには、各組織が個別に作っていた管理シートを使うのを止めさせなくてはなりません。そのために、前述の3つのポイントを押さえることが必要になるのです。

　新たなシステムを使うと自分が楽になる、ユーザーにそう思われるように、システム導入前に何度もユーザーにユーザビリティを確認するステップを設けることを怠ってはいけません。

　DXにおける顧客は消費者のみならず、社内メンバーも顧客である、この意識を持って臨みましょう。

2 店舗のDXを最優先に据える

▶ 本社のためのDXではなく
▶ 顧客に近い店舗を支えるDXを推進

本章の冒頭で、DXにおける顧客は消費者と社内ユーザーの2つであることをお伝えしました。そして、多角的ユーザー視点、業務効率化の視点、シンプルなアウトプットの視点という3つのポイントをまとめました。

では、多角的ユーザーの中でどの部門を優先的に着手すればよいか。それは間違いなく**店舗とEC部門**です。理由は最も顧客に近いポジションにいるからです。

本社には役職者の方も多く、日々本社の業務を見る機会が多いことでしょう。だから目の前で起きている業務の非効率に目が向きがちで、本社業務を先に改善しがちです。

しかし本社は店舗のためにあり、店舗は顧客のためにあることを、DX推進においては再度見つめ直さなくてはいけません。DXを推進する際に必ず行なっていただきたいことを以下に挙げます。

特に経営層の方、管理職者の方こそ、これらを徹底することを強くお勧めします。

▶①朝から店舗に赴き1日の業務をすべて見る

売り場の業務のみならず、バックヤードの業務も含め、朝から夜までにどのようなことを行なっているか、**本社のメンバーが直接、店舗の業務の今を実感する**ことです。経営層の方もぜひお願いします。「私は昔

店舗で何年もいたから店舗の業務など今さら見なくても熟知している」、そんな声が聞こえてきそうですが、それこそがDXを失敗に導く意識です。

　上層部の方が店舗の実務を行なっていたときと今とでは、相当様変わりしているはずです（当時と変化がないのなら、それも問題です）。

　今の実態を部下から聞くのではなく、直接見てほしいのです。"見る"とは、単に店舗を回遊することではありません。店舗の社員がどんな作業をし、どんなパソコンの画面を開き、それを見て次にどのような行動をしているか、そこにあるムダや現場のストレスを直接体感できるくらい、細かく気に留めてください。そして実際に作業をしている店舗の方に非効率なことは何か、もっとお客様を喜ばせるためには何が必要かを直接多数の方に聞いて回ってください。

　この現場視察作業を部下に任せたり、ましてやコンサル会社に丸投げしてはいけません。

　なぜここまで強くお伝えするかというと、**DXにはマネジメント層の推進力が必須**だからです。部下が報告し、上司が本社で指摘する、この流れではうまくいきません。マネジメント層の方々が現場の課題を現場で体感し、テクノロジーを活用してその課題を解決したいと心から思うことが推進力につながります。部下がやるのではなく、上司がリーダーシップを発揮して旗振り役として先頭に立つことが必要です。

　DXは経営の根幹に位置するので、マネジメント層の方の牽引なくして成り立たないテーマであると踏まえましょう。

▶②グローバルの店舗を視察し自店との違いを知る

　自店の現場課題を体感した後は、ぜひグローバルの店舗を実際に見に行きましょう。そうすることで自店との違いを知ることになります。次の店舗はぜひ視察されることをお勧めします。

▌1. アリババのスーパーマーケット盒馬鮮生（フーマ）

　フーマは店舗在庫型ネットスーパー、グローサラント、レストランを融合させた、アリババが展開するスーパーマーケットです。最大の強みは鮮度にあります。全商品にQRコードがついていて、スマホでスキャンすれば産地や成分などが確認できます。そして近隣であれば30分以内に自宅に配送してくれます。この特徴がクローズアップされがちですが、本質的な価値は「鮮度」です。

　ECでは、生鮮食材は鮮度が自分の目で確認ができません。ECや通常の宅配は、自宅に不在の場合、生鮮食品においては傷んでしまうのではないかという不安が生じます。30分以内であれば自宅で待つことも許容範囲です。

　そして何より、すべてをデータ管理することで、需要予測による在庫の最適化を図り、常に仕入れた直後の生鮮食品を提供することを可能にしています。つまり、DXによって商品に変革を起こすことにつながっているのです。これをぜひ、実際の店舗で体感されることを推奨します。

▌2. b8ta（ベータ）

　本書で何度もご紹介しているように、b8taは必ず視察するべき店舗のひとつです。2020年、有楽町と新宿に出店したので、ニューヨークに行かずとも見ることができるようになりました。店舗についている2種類のAIカメラ、全商品に1台設置されているタブレットによって顧客の行動データを取得し、出品しているブランドにマーケティングデータをダッシュボードとともに提供します。

　店舗の接客においては、売り込むのではなく各商品のコンセプトや価値を伝えるストーリーテラーのような役割を担っています。各商品を熟知した接客力、売り場で新たな商品の発見を提供する商品選定力、そしてデータ活用力。これらの価値がb8taには備わっています。

▌3. ウォルマートのAI店舗

　2019年4月、世界一の小売企業であるウォルマートがニューヨーク州レビットタウンにAI実験店舗をオープンしました。

　コンセプトはインテリジェントリテールラボの頭文字をとってIRLと題しています。売り場面積4,645平方メートル、従業員数100人以上の大型店舗で、AIカメラが1,000台以上設置されています。

　デジタルストアなのに、なぜ100人も従業員がいるのか？　と思う方がいるかもしれません。この店舗は無人化をすることが目的ではなく、在庫補充の時間を削減し、その時間を接客やレジカウンター、引き取りカウンターの人員にあてることで顧客との対話を重視しているのです。

　店舗を回り、欠品に気づいたらバックヤードに在庫を取りに行って補充する。これが通常の業務でした。しかしAIを活用することで、どの売り場のどの商品の在庫がなくなりそうか、店舗の従業員にタイムリーに連絡がいき、業務の効率化につなげるとともに、鮮度管理や欠品防止という顧客メリットも向上させています。

　取得したデータをもとに陳列棚の商品量と季節、時間帯によって需要量を予測し、商品陳列の最適化を図ることも可能にしています。BOPIS（Buy Online Pick up Instore）と言われる、オンラインで注文して店舗で引き取る流れをどれだけ強化しているかを目の当たりにすることでしょう。世界一のウォルマートのAI店舗は必ず見ておくべき1店舗です。

　上記店舗の他、本書でも紹介しているGlossierやShowfields、Neighborhood Goodsもニューヨーク近郊に集中しているので視察候補先となります。

▶③NRF Retail's Big Showには必ず参加する

　全米小売業協界NRF（National Retail Federation）が主催するNRF Retail's Big Showは、世界およそ100ヶ国から約38,000人が参加する世界最大級の小売業界のカンファレンスです。800社を超える出展企業が集結するので、リテールの最先端テクノロジーを体験するには最適の機会です。ウォルマートのCEOやIKEA、Targetなど世界を代表する小売企業の経営陣が講演や対談も行ないます。グローバルリテール企業のトップが今何を考え、何を発信しているのか、直接その声を聞ける機会は大変貴重です。

　新型コロナウイルスの感染状況によってはオンライン開催が続いてしまうかもしれませんが、１年に１回、必ず時間を確保し、経営層の方も含めて参加されることをお勧めします。グローバルのトップが徹底的に店舗のDXに集中して取り組んでいることがわかるはずです。

　最後に注意点を記載しておきます。

　DXに取り組まねばと気がはやるあまり、トレンドのようなテクノロジーを次から次へと導入しようとする企業がありますが、これは一部誤りです。

　チャレンジ精神とそのスピードは大変素晴らしいのですが、「そのテクノロジーは本当にお客様が求めているか、お客様にとって本当に便利になっているか、逆に手間が増えていないか」という点を見逃しがちになるのです。アプリも店頭ロボットも、お客様の利便性や喜びにつながっておらず、単なるテクノロジーの実験台にお客様を使っていては本末転倒です。

3　バックオフィス部門だけで議論せず ユーザーを巻き込むDXを

▶ **DXプロジェクトメンバーは 組織横断で選定する**

DXを促進する際、プロジェクトメンバーを選定することになります。最近では「DX推進部」という組織を発足させている企業も珍しくはありません。その際のメンバー選定について、ポイントを整理します。

まず、システム部門のメンバーだけで組成することは避けなくてはいけません。店舗や社内の各部門にヒアリングを行なうから大丈夫、と捉えることも避けたほうがいいでしょう。

プロジェクトメンバー、もしくはDX推進組織には必ず店舗や社内の主要部門のメンバーを横断的にアサインすることをお勧めします。

小売業のDXの現場でよく見受けられるのが、システム部門とコンサル会社、システム会社が中枢メンバーになっているケースです。この体制で進行した企業の多くで、システムをリリースした後に、店舗や他の部門から不満やクレームが噴出しています。

「ユーザーヒアリングもしたし、システムのテストの時には確認も入れたではないか。なぜリリースした後に不満を言うのだ……」とシステム部門の方は思いがちです。そして、「この失敗の原因はユーザー側がヒアリングやシステムテストの時にいい加減に判断していたからだ」と、互いに責任をなすりつけ合う事態さえ発生します。

大企業、中小企業にかかわらず、頻繁に起きていることです。

こうした事態を回避するには、どうすればよいのか。それはDXにおける各部門の責任者を設定することです。特に店舗部門のメンバーは1人ではなく複数人をプロジェクトメンバーに入れるようにしましょう。

「DXはシステム部門が推進することで、店舗側はヒアリングをされたら要望を言う立場」、このような意識が組織に生まれることを必ず避けなくてはいけません。

　DXの責任所在はシステム部ではありません。DXは全社テーマであり、各部門のとりまとめを、その部門のメンバーが責任を負うという明確な役割認識を持たせなくてはいけません。CIOやシステム部門の人は、ITには詳しくても小売業の現場には詳しくない場合が多く、店舗のメンバーはITの知見が低いということは仕方のないことです。だからこそ、両者の強い知見を連携し、弱い部分を補完し合う体制を組む必要が

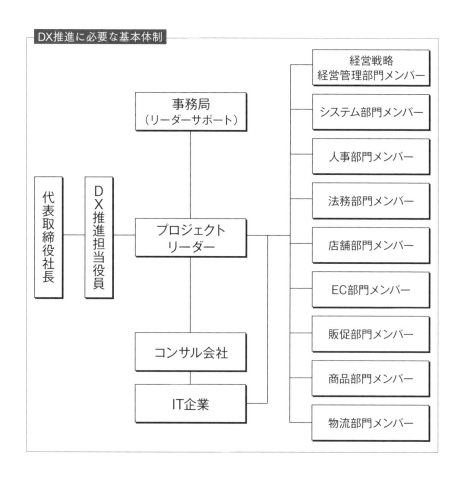

DX推進に必要な基本体制

あるのです。DX推進体制に必要な主要部門と外部プレーヤーを次に記します。

DX推進体制に必要な主要部門

①DX推進役員	すべての責任を負うDXのリーダー。社長と良好な関係性で高い頻度でコミュニケーションがとれる役員を選定
②経営戦略・経営管理部門	未来に描くビジネスにおいてデジタルをどのように活用すべきかを考察でき、かつ経営層が求めるシンプルなアウトプットや経営指標を理解しているメンバーを選出
③システム部門	基幹システムやリテールテックに知見があり、自社の顧客データ管理の全体像を理解しているメンバーを選定
④店舗部門	売り場の業務からバックヤード業務、本社との業務まで店舗業務を総合的に理解しているメンバーで、業績報告やシステム入力を実際に行なっているメンバーが望ましい
⑤EC部門	店舗とECの連携の重要性を意識し、コールセンターや物流面にも知見があるメンバーを選定
⑥販促部門	デジタルマーケティング（Webサイトアクセス、アプリ会員、SNSアカウント）、POPのオペレーション、データ分析に関する業務を理解しているメンバー
⑦商品開発部門	商品の仕入れに関する業務課題とPB開発で今後創出すべき価値を理解しているメンバー
⑧物流部門	店舗、ECと連携する物流部門において、現状の業務フローをシステム連携含め網羅的に把握しているメンバー
⑨人事部門	採用、教育、評価、人事、経費精算、勤怠管理に関わる業務を総合的に理解しているメンバーを選定。会社の事業戦略と人事戦略の連携を重視しているメンバーが望ましい。自部門の作業負荷を軽減させたい意向の強いメンバーは避けたほうがよい
⑩法務部門	契約書関連業務についてユーザー部門と法務部門の両面の視点から考察できるメンバーを選定

外部パートナーについては、次の点に留意してください。

■①コンサルティング会社

IT知見やシステム導入実績のないコンサルティング会社がDXコンサルタントと称しているケースが増えているので、そのような会社を選ぶことは避けたほうがいいでしょう。DXには、基幹システムや各種テーマ別テクノロジーの導入が、必ず関係してきます。マーケティング領域だけを得意としてきたコンサル会社では、DXは良質に対応できません。

業界特性の理解と、システムに関する知見と実績の両面を持ち合わせたパートナー選定が必須です。

▊②IT企業

コンサル会社とともに、最適なITベンダーを選定した後にともに導入に向けて連携していくことになります。小売業における実績と業界特性を十分に理解しているIT企業を選ぶことをお勧めします。また、企業によってはエンジニアだけではなくコンサルタントも在籍している場合があります。リテールテックに特化したコンサルタントがいる場合はコンサル会社と役割が重複しますので、IT企業との連携のみで成り立つ場合もあります。

メンバーのうち、中でも重要なのが、プロジェクトリーダーです。担当役員と各部門のメンバーを巻き込んでいく社内ディレクション力と、どんな障壁にもポジティブに取り組むスタンスを持ち、周囲からの信頼を得られるリーダーを選出しなくてはなりません。

このポジションをシステム部門の方が担っている企業を見かけますが、うまくいっている例をあまり見かけません。総合力とコミュニケーション力があることが大前提であることに留意しましょう。

DX推進においては、各部門を自分事として巻き込むことが必須です。取り組むテーマによって、本体制の全員が毎回集まるとは限りません。主幹となる部門がテーマによって変動することでしょう。

たとえば人事部門の変革であれば、もちろん人事部門が関わる比重が高くなります。しかし、そのユーザーは社内の全部門にわたるので、各部門の声を集約する必要があり、他部門の協力なくして満足のいくものになりません。

該当部門にその都度協力を仰いでいては、牽引力が弱くなりかねません。該当部門をしっかりとグリップしてくれる人がDX推進メンバーと

して常にいることで、相互協力の流れができていきます。

　DX推進体制を明確にすることで、各部門のメンバーは自部門のためのテクノロジーを研究し、業務の実態を日々注視するようにもなるでしょう。1部門で抱え込むのではなく、共にノウハウを創っていく体制と役割設定を明確にしてDXを推進していきましょう。

▶常にSo What? の投げかけを忘れない

　部門横断型のDX推進体制が決まり、実際に進行する際に注意する点を挙げておきます。各部門のリーダーはもちろん自分の部門の業務課題やシステム導入を優先的に述べていくことでしょう。

　その際に常に皆で意識すべきは、「それがお客様の何のメリットになるの？」という問いかけです。

　自部門のことだけではなく、それが消費者や社内の他部門のメンバーにどのようなメリットを及ぼすのか？　DXを推進していく際に、これを見逃しがちです。「お客様にとってどんなメリットがあるか」という意識を皆が持つことで、自部門の業務課題も改善されていくサイクルをめざしましょう。

5章

データは集めることを
目的にすると失敗する

1 ×まずはデータを集めよう ○データをこう活用したい

▶ データの意義・目的を明確に

データがビジネスの成否を決める、こう言われて久しく、今やデータの重要性は誰しもが認識しています。小売業ほど大量に顧客データが毎日行きかう産業があるでしょうか。2020年にニューヨークで開催されたNRF Retail's Big Showに登壇したマイクロソフトのCEOサティア・ナデラ氏がこう述べていたのがそれを象徴しています。

> "As retailers you have the most valuable asset – commercial scale consumer behavioral data."
> （リテーラ―の最も価値のある資産は、顧客の購買行動データである）

小売業の資産価値は店舗という不動産価値ではなく、他の産業では類を見ないほどの顧客接点だということです。

日本の人口は2021年１月時点で１億2,557万人。そのうち１日で１円も買い物をしない人を引いた人数が、１日で小売業を通過するデータ量の総和です。大手小売業であれば、１社で約2000万件のデータがたった１日で蓄積される企業が存在します。年間にすると73億件のデータという換算になります。このデータを宝の持ち腐れにしないためには、データを集めるその先のデータ活用を綿密に考えなくてはなりません。

ビッグデータの時代、さまざまなところでデータ戦略の重要性を目にすると、まずはデータを集めようと考えがちです。しかし同時にデータをこう活用したいというゴールイメージも必要です。

活用するには、仮説が大変重要です。

　たとえば、大手グループ企業が各子会社のデータを連携させて活用することを最大の目的とするか、グループ連携ではなく単体の企業が店舗ごとの商品最適化に全力を注ぐのかで方向性は大きく異なります。

　グループ企業のデータ連携は、理想的な響きに聞こえます。しかし、本当にそこに顧客ニーズがあるか、ルールや文化も異なる企業間でデータ連携を協力的に行なえるのかなど、さまざまな事情も踏まえて判断しなくてはなりません。

　どのようにデータを活用するかによって、集めるデータは異なります。アプリ会員をとにかく増やし購買データ分析の精度を上げたいという企業もあれば、購買していない顧客のデータも収集し売り場動線や商品構成に活かしたいという企業もあるのです。

　家電量販店のように商品の価格帯が高い業態の店舗は、来店顧客が全員購買するわけではなく、下調べにきてECサイトと比較しながら最終的な購買を決めるので、購買前のデータを取得する重要度が高まります。

　対してスーパーマーケットやコンビニエンスストアは、来店した顧客

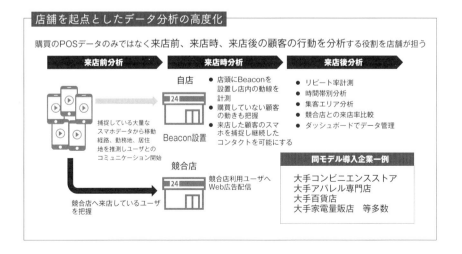

はほぼ購買する顧客ですから、購買商品の組み合わせや来店頻度をターゲット属性別に分析することが重要となります。

　出店戦略をもっと精緻にするために、立地別の傾向を人口動態や競合性を加味してデータ化することを重要議題とする企業もあることでしょう。その場合は自社データのみならず商圏データを統合する必要が生じるので、収集するデータもそれに合わせなくてはなりません。

　理想は購買前行動データ、購買時点データ、購買後データを分析できる状態にすることです。

　購買前データは、後述するアドインテ社のソリューションなどを活用して顧客の移動傾向を把握することと、Web・SNS・アプリ・メルマガ等のアクセス傾向分析、売り場における動線、商品前滞在時間は必須の項目です。

　購買時点は現金決済顧客を極力減らす、もしくはアプリ会員を増やし現金決済をしても顧客の購買データを把握できるようにすることが必須です。旧来から言われていたRFM分析（Recency：最近の購入日、Frequency：来店頻度、Monetary：購入金額ボリューム）を古きフレームと軽んじてはなりません。購買前・購買時点・購買後の取得データが増大することでRFM分析の精度は飛躍的に向上します。優良顧客、競合店優先顧客、浮動層顧客、休眠顧客、新規顧客などターゲットの分類が精緻になることで、マーケティングオートメーション（MA）システムなどを活用し、ターゲット別アクションも自動化・高度化していきます。

　少し細かい話にはなりますが、MAを例に、データの取得と活用についてご説明します。

　MAとは、言葉の通りマーケティング活動の一部を自動化するシステ

ムです。MAの代表企業としてはセールスフォース、ハブスポット、クラウドサーカス、SATORIなどが挙げられます。顧客と自店との関係ステージ（初回取引、優良顧客、休眠顧客等）によって提供するメッセージや提案商品を設計し、それを自動的に配信していくシステムが多く誕生しています。

このソリューションを活用するときに、小売業の現場で起きている乖離があります。それはターゲット設定とMAの設計の乖離です。

ターゲットというと、得てして30代のファミリー、40代の男性ビジネスマン、所得800万円以上顧客などと分類しがちです。これは広告会社やコンサル会社が旧来から提示してきた分類であり、今も小売業をサポートしている各社はこのように設定しているケースを見かけます。

しかし、MAにおいては、世代や所得、性別でひとくくりにするのではなく、あくまで自店との関係性に応じて、そのステージを上げて業績に貢献していく傾向が強いため、小売企業が設定しているターゲット分類と適合しないケースが生じます。

「30代ファミリーの利用シェアを10％から15％に上げる」という設計と、「新規顧客の次のステージへの向上を30％」と設定するという目標数値では、定期的に検証していく分類と数字がずれてどちらの数字を検証していくのか迷路に迷い込みます。

厳密に行えば、この2つの軸を合わせることは無理ではないのですが、ターゲットや目標数値が何種類も出てくると、社内会議や役員への報告の際にシンプルさを欠き「結局、今どれくらい良好に推移しているのか？　何％アップと捉えればいいのだ？」というマネジメント層の視点に応えることができなくなります。

このように、どのようにデータを活用していくのか、データによって何を解決し、どのような理想の姿に導きたいのかという明確さなくしてデータをひたすら集めても、徒労に終わります。

「まずデータを集めなくては他社に後れを取るのではないか」という焦りを捨て去り、自社のお客様や店舗の現場に目を向け、データを活用することでどのようなメリットを生じさせるか、結論から考えることを実践しましょう。

2 データ収集、統合、分析、活用の全体像 データを社内で散在させない

▶ データも選択と集中を心がけ
オフラインデータも含めて自社のデータを強固にする

前述した通り、小売企業はすでに大量なデータを保有しています。もし、現段階でPOSデータしかない場合は危機感を持ったほうがいいかもしれません。

多くの企業はアプリ、Webサイト、SNSアカウントを展開しています。EC・宅配サービスを展開している場合はさらにデータが付加されます。

これらデータが店舗部門とEC部門で分断し、販促部とシステム部門でも別々のデータ管理をしているケースを多く見受けられます。

データ活用に関する主な流れを、次ページの図の通り4つのステップで整理しました。データ収集・統合・分析・活用のステップがありますが、各社によってどのステップに課題があるかは異なると思います。

大切なことはすべてを網羅しようとするのではなく、自社のターゲットや商品に適するデータの重要度を決め、そのデータの量や精度を高めることに集中することです。

データ活用を強化していくにあたって押さえておきたいポイントに、「シームレス」「パーソナライズ」「ストーリーテリング」「Pre/Postアクション」の4点があります。

▶シームレス

店頭とEC、Web媒体とマス媒体・紙媒体、人の接客とオンライン接客など、従来別々に管理していたものをつなぎ合わせ、相関指数なども

データ活用の主な流れ

収集	統合	分析	活用・配信

1stParty データ
（自社データ）

Web サイト アクセス			YDN ／ GDN
Web・SNS 広告 アクセスデータ	プライベート DMP （データマネジメント プラットフォーム）	SFA	DSP
SNS アカウント アクセスデータ			Facebook Instagram　Twitter YouTube　LINE
アプリアクセス データ			セグメント メディア広告
POS データ			アプリプッシュ 通知

2nd,3rd
Party データ
（外部データ）

入店中行動履歴 データ	人口 動態 データ	位置 情報 データ	CRM	メール配信
マーケティング オートメーション データ	気象・ 気温 データ	アン ケート データ		インフルエンサー 施策
EC 購買データ	52 週 催事別 データ	所得 データ	MA	動画広告 （OOH・交通）
カード会員データ	他社 POS データ	行動 履歴 データ		コールセンター アウトバウンド

MA：マーケティングオートメーション　　SFA：セールスフォースオートメーション
CRM：カスタマーリレーションシップマネジメント

タイムリーに管理できるようにしなくてはなりません。顧客行動が単一的ではなく、複合的・統合的になってきていることから、データ管理もシームレスに行なう必要性が高まりました。認知から比較、購入に至るまで店舗とECを相互に行き来する行動傾向が主流となっていますので、店舗とECのデータ連携は必須と捉えましょう。

▶パーソナライゼーション

　一般的なターゲットのグルーピングでは、多様化した今の消費ニーズへの対応が不十分となっています。個人レベルでのセグメントが求められ、1人の個人が購入に至る要因、気候、時間帯、検索履歴、購入履歴などのデータを収集し、レコメンドの精度を個人レベルで高める必要があります。

　アパレルでいえば、性別、色、デザイン、ブランド、カテゴリー、季節性、購買チャネルを踏まえて、最も購入の可能性の高い商品をレコメンドしていくフローを描きます。もちろん、この作業を人の手で行なうことは不可能なので、AIソリューションを用いて対応します。

▶ストーリーテリング

　もし消費者から「なぜ私がその商品を今買う必要があるのですか？」と聞かれた時、どう答えるか。ここにプロダクトストーリーのヒントがあります。その商品を購入する理由を売り手側が明確に提示できないと、消費者は安いほう、もしくはその理由を明確にしている他社製品を選択することでしょう。

　これはデータという定量的な側面ではなく、消費者インサイトに関わる定性的なことと思われるかもしれません。しかし、これをデータで検証することを想定しておくことが重要になります。

　単にバナー広告やプッシュ通知を量的に配信すれば効果が出るという

ことではなく、動画や店舗の体験を通じてストーリー性を伝える必要の
あるプロダクトが存在します。動画再生回数や秒数、接客による伝達の
有無などを定量化し、ストーリーが伝わった顧客を定義し、その購買効
果を指数化する必要があります。これはD2Cブランドをキュレーション
する店舗であるb8taやShowfieldsがこれを実践しているお手本です。

▶Pre/Post アクション

　購買前、購買後のデータを取得することは、今後の小売業においては
必須のことであると捉えましょう。この点は大変重要、かつ、すでにい
くつもの小売業がソリューションを導入しているので、次のページから
詳細をご覧ください。

3 購買前と購買後の行動を必ず取得する リテールメディア OMOソリューション

▶ 顧客の行動履歴に基づくコミュニケーションを構築

　前ページで購買前・購買後のデータ取得をポイントとして挙げました。

　アプリを展開している企業であれば、購買頻度や購買商品を分析するだけでなく、アプリがいつ、どこでアクセスされているかを分析することで、最も効果の出るアプリの通知時刻や配信範囲の設定につながります。

　ある小売業では、アプリのアクセス時間が朝と夜に集中し、その場所は電車の路線に沿っていることが判明しました。よって、平日の朝と夜にはビジネスユーザー向けのコンテンツを配信することで効果をあげました。

　雨の日に店舗からどの範囲の距離で雨の日特典のプッシュ通知をすれば来店につながるかの検証も可能になりました。スマホの位置情報検証ソリューションを活用し、セールやイベント、新商品発売などを行なった前後の自店と競合店への来店率の検証も実現します。

　経営層が把握したいことは、DXによる費用対効果です。それを明確に提示するためにも、購買前・購買後のデータを取得・検証する流れを必ず構築しましょう。

▶ 来店前・来店時・来店後の顧客ニーズを検証する ソリューション

　次に、日本でも多くの小売業が導入しているアドインテ社のサービス

をご紹介します。アドインテ社は2009年に創業したITベンチャー企業です。現在10,000店舗を超える大手小売企業にサービスを展開しており、株主には三越伊勢丹や丸井グループなども参画しています。

リテールメディア開発の実績は国内トップクラスの事例を持っており、ツルハホールディングスとの事業連携はさまざまなメディアに取り上げられ話題になりました。

ユーザー許諾を得たデータ情報から、来店前行動である移動経路、居住地域、勤務地、競合店と自店への来店率比較などを分析します。

来店時には、店舗に独自開発したIoT端末AIBeaconを設置することで、店内の動線分析を行ない、購買していない顧客の動きも分析することで、商業施設の階層別、カテゴリー別の顧客の動きを把握し、どの売り場が有効に作用し、どの売り場に課題があるかを明確にします。

店舗に来店したスマホを捕捉することで、来店後にそのスマホに対してWeb広告を配信することも可能となります。

セールやイベント等、販促活動を実施した後にどれくらい競合店と自店で来店率が変動したか、ビフォーアフターでの検証もできます。

従来把握していた、購買した顧客のPOSデータだけを分析するのではなく、そこに来店前、来店時、来店後の行動の分析を加え、かつWeb広告などのアクションも展開することで、分析に留まらないサービスを展開しています。このサービスは先行企業のみが着手するものではなく、今やどの小売業においても必要となる機能です。

アドインテが取り組むリテールメディアOMOソリューション

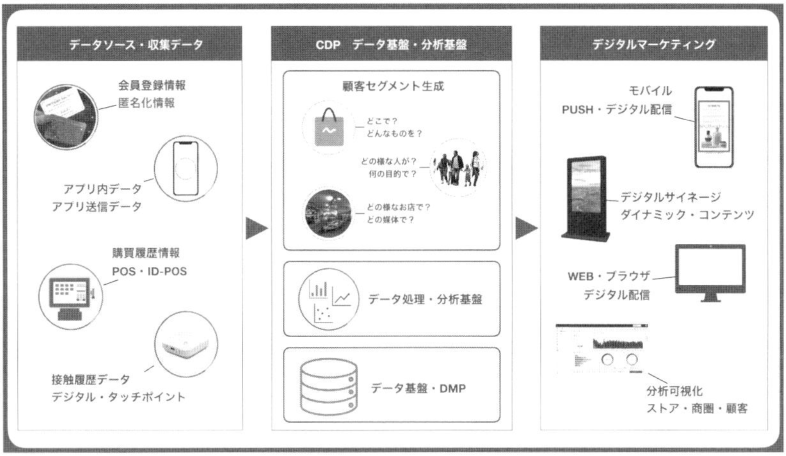

4 KPIはOTVではなく LTVを当たり前にする

▶ **LTVの検証サイクルを回すために必要なデータ取得を**

ECの普及により、LTV（Life time value）も小売業において一般的な指標になってきました。LTVは「顧客生涯価値」と訳されることが多いのですが、「生涯」となると算出が曖昧なものになりかねないので、ある一定期間を設定するほうが現実的な使い方となります。

方程式にすると、次のようになります。

> **LTV＝1回当たり購入単価×購入頻度/年×継続利用が見込める一定期間**

LTVに対して、1回当たりの指標をOne time valueと名づければOTVとなりますが、OTVだけを見ては判断ができないケースがあります。

わかりやすくたとえてみましょう。

1回あたりの購入額が3,000円の商品・サービスがあったとしましょう。新規顧客を獲得するのにかかるWeb広告費をテストマーケティングしてみたところ、3,000円かかりました。

3,000円の売上を獲得するために3,000円の広告費がかかっていては、成り立たないのは明らかです。よって、これではいくら広告費を投じたいと社内にかけあっても、否認されるのは明らかです。

これがOTVでの考え方です。

しかしこのサービスが新規で利用を開始すると、毎月1回、それも3年間は離反しない数値がLTVとして出ていたなら、

LTV＝3,000円×１回/月×36ヶ月＝10万8,000円

　10万8,000円の売上を得る広告費が3,000円であれば、売上対比2.7％となるため、前向きに検討できるはずです。

　ECであれば個人が特定できているので、この計算は容易でしょう。しかし店舗の売上が関係してくると、アプリもしくはクレジットカードで分析を行なわない限り、LTVの算出は難しくなります。

　「スーパーマーケットの月間当たり平均来店回数は約８回だから、それで計算すればいいのでは？」と思われるかもしれません。
　効果検証が曖昧なままでもいいというのであれば、それも許容範囲かもしれませんが、どの人が来店し、どの人が来店していないのか、把握できているお店とできていないお店では、その施策は大きく異なってくるのではないでしょうか。

　小売業の現場の方々からは、このような声を何度も耳にしてきました。「休眠顧客と優良顧客には別々の施策を投じたほうがいいのだけれどなぁ……。セール告知やイベントの告知を一律同じ配信をしていてよいのだろうか」
　大変正しい疑問です。
　「はじめまして、ご来店いただきありがとうございます」という新規の方への挨拶と、もう100回も来店してくれているファン顧客の方へ「いつもありがとうございます。今日は日ごろのご利用を感謝して〇〇のような特典を〇〇さんのためにご用意しました」というようにアプローチを分けたほうがいいことは明らかです。
　お客様の性別や世代、居住地、勤務地などのデータと、そのお客様が自店とどのような関係の段階にいるか（新規、休眠、他店との併用顧客、

優良顧客等）顧客セグメント分類を設計し、それぞれのステージにいる顧客にどのようなアプローチをすると有用かという仮説を同時に考えながら進めていくと、単にデータを集めるのではなく、データをどのように活用するかということにつながっていきます。

そのデータ分析の中で、自社独自のLTVという指標が定まり、新規獲得コストやリピート促進のために何をしていくべきか、が数字とともに語れるようになります。

9章でご紹介するFABRIC TOKYOというオーダーメイドスーツを提供する企業に、LTVのお手本となる要素が含まれているので、9章をご参照ください。

▶LTVを重視することによる3つのメリット

広義な視点では、既存の小売業の中でLTVを把握することに加えて、ビジネス自体をLTV重視の新たなモデルに転換することも、昨今の小売業界では重要視されています。

「作った人が自分の子供に安心して食べさせられる食材」がコンセプトの有機・特別栽培農産物、添加物を極力使わない加工食品や、「プレミアム時短」をコンセプトとしたミールキットをサブスクリプションで提供するオイシックス・ラ・大地社が、顧客から支持を集めています。その成果として、2018年度から2020年度にかけて売上56％アップと飛躍的な成長を遂げています。

健康や子供への安全意識が高まる中で、同社の定期便サービスは高い支持を集めるとともに、食に関する社会貢献活動も積極的に行なわれています。

ECのみではなく店舗展開も行ない、相乗効果を図っているお手本の企業です。定期便を主体とするサブスクリプション型なので、自然と

LTVの考え方が基本となります。LTVの数値を管理することで、次の項目について数値をもとに検討することができます。

▌1 客単価の向上

他の商品を組み合わせて販売をするクロスセルへのレコメンドを、購買分析によって適正化する。

▌2 リピート率の向上

一定期間内におけるリピート率の基準を設定し、それを上回るための施策を顧客のステージ別にテストし、属性に応じた提案をルール化していく。

▌3 新規顧客獲得コストの適正化

LTVを設定することで、新規獲得にいくらコストを投じることが適正か、判断指標が明確になる。広告をかけすぎなのか、よい結果なのか、社内報告をする際にLTVが有効に作用する。

以上のメリットを享受するには、購買のPOSデータのみでは設計が不十分になるため、アプリやAIカメラなどでデータ収集の基盤を整備する必要があります。データ収集の基盤を構築するとともに、どのようにそのデータを活用し、お客様との良好なコミュニケーションにつなげるか、属性別に設計することを推進してください。

5 日本におけるデジタル・プラットフォームの展望

▶ アリババの展望に
データの未来のヒントあり

　本章の最後に、壮大なテーマである日本のデジタル・プラットフォームの展望について触れたいと思います。

　世界のデジタル・プラットフォーマーは？　と問われたら、どの企業を思い浮かべるでしょうか。GAFAMと呼ばれるGoogle、Apple、Facebook、Amazon、Microsoftでしょうか。

　では、日本のデジタル・プラットフォーマーと言えばどの企業か？という質問であればどうでしょうか。楽天、ソフトバンクなどが思い浮かぶ方が多いかもしれません。

　総務省はデジタル・プラットフォーマーを次のように定義しています。

> デジタル・プラットフォーマーは、インターネットを通じ、人と人、人と企業、企業と企業といったあらゆる活動の主体を結びつける場を提供している。かつ、遠距離の主体であってもリアルタイムで結びつけることを可能としているとともに、広い範囲でのマッチング機能を通じた小規模なニッチマーケットの成立に貢献している。

　この定義のうち、下線を引いた2ヶ所に特徴があります。

　店舗やECを展開している企業であれば、企業と人を結びつけています。しかし「企業と企業」という点、「小規模ニッチマーケット成立への貢献」という点ではどうでしょうか。

　自社グループでGMSやスーパーマーケット、CVS、百貨店、ホームセンターなどさまざまな業態を展開しているとしても、それはすべてBtoC事業です。

　また、自社のオリジナル商品を他の企業へ卸していたとしても、それは「自社対企業」であり、「企業対企業」ではありません。

　「小規模ニッチマーケット成立への貢献」という点では、小売業同士は競合するという観点に立脚すると、貢献とは逆の、勝つためにはどう対策を講じるかという視点がベースになります。

　総務省の定義に沿うと、それはデジタル・プラットフォーマーとしては不十分ということになります。

　日本ではDMP（Data management platform）やCDP（Customer Data Platform）という言葉が多用されていますが、ほとんどのケースが自社のためのデータプラットフォームであり、BtoBと中小ニッチマーケット成立への貢献という要素は備えていません。

　DMPとCDPの違いは何か。個人を特定するデータの取り扱いで区分するなど、その定義に焦点が向いてしまうこともしばしばです。だからここではあえてデータプラットフォームではなく、デジタル・プラットフォームの視点で述べたいと思います。

▶アリババのデジタル・プラットフォームビジネス「LST」

　デジタル・プラットフォーマーとして展開している代表企業の1社が、アリババグループです。アリババグループはECサイトを中心としたBtoC企業と捉えられがちですが、実際には、加速度的にBtoB事業を拡大しています。

　その代表的なサービスがLSTです。LSTは中国に600万店舗以上あると言われる中小・零細小売店に対して物流、仕入れ、金融、システムのサービスを提供し、後方支援しているのです。

　登録店舗数は130万店舗を超え、売上高3,340億円という規模まで成長

しています。自社で広大な中国の全土に出店をしていくよりも、すでに
ある店舗を支援するほうがスピーディなビジネスになるし、流通小売業
全体を押し上げていくと捉えているのです。

　そして膨大な店舗数で得たデータは統合され、アリババグループが保
有するビッグデータの精度がさらに高まっていきます。

　このアリババグループの展開こそ、総務省が定義している企業対企
業、中小ニッチマーケット成立への貢献をまさに果たしていると言えま
す。

　日本の小売業界におけるアリババのようなポジションは、まだ空席状
態です。このポジションを、小売業ではなくトヨタ自動車やソフトバン
ク、楽天のような企業に確立されると、小売業におけるデジタル勝者は
異業種の企業に取って代わられる危惧さえあります。

　日本全体を網羅するプラットフォーマーだけが勝者というわけではな
く、その中でセグメントすることで商機が見出せます。ターゲット属性

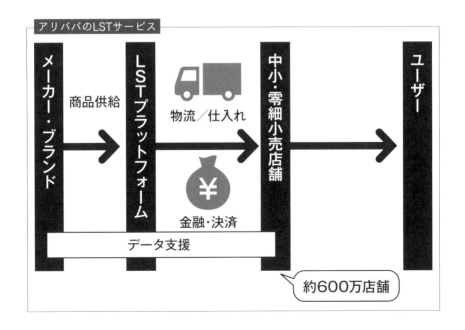

（富裕層、シニア、デジタルネイティブ、インバウンド等）、エリア、カテゴリー、商品ステージ（新商品、オフプライス、セール等）など一定のテーマで圧倒的な価値と量的な場、企業連携の仕組みを確立すれば、デジタル・プラットフォーマーになれる可能性を秘めています。

▶ウォルマートの広告ビジネス

世界一の小売業であるウォルマートでも同様のことが言えます。2021年1月、ウォルマートはデジタル広告を扱う部門の名称を「Walmart Conect」と変えました。

ウォルマートの店舗における顧客接点やECのアクセス数は、たった1週間で約1億5,000万人に達する規模になります。メーカーにとって、最高の広告の場として映ります。

つまり、従来広告会社にとって顧客だったウォルマートが、広告業界の競合となっているのです。

すでにウォルマートはDSP（広告プラットフォーム）やデジタル広告のパーソナライズを可能にする企業との提携や買収を、積極的に進めています。これはテレビ局の脅威にさえなり得る、一大メディアが誕生しているに等しいのです。この広告プラットフォームを、地域に根差した中小企業から大手企業までが広く活用していくことでしょう。

2021年1月期の広告収入は前期比で2倍、広告主の数は2倍以上になったと発表しています。コロナ禍で業績が著しく悪化したメディアや広告会社が増大した中で、ウォルマートの広告ビジネスの成長は見逃すことのできないモデルです。

同様の動きは日本でもすでに何年も前からはじまっていますが、デジタル・プラットフォーマーというよりも、場所売り、枠売りという様相が強く、旧来のマス媒体や屋外看板の売り方のようになっていることが、日本市場の課題として挙げられます。

よって、もし小売業が広告ビジネスに参入する際には、単なるメディアブローカーにならないよう、顧客の生活行動全般をデータで把握し、マーケティング成果を価値として進めることが肝要です。

6章

コーポレート機能の
オペレーション改革

1 BPRとDXの密接な関連性

▶ **コーポレート部門がよく抱える課題**

BPRという言葉を聞いたことがある方も多いと思います。BPRとはBusiness Process Re-engineeringの略で、業務改革のことを意味します。元マサチューセッツ工科大学教授のマイケル・ハマーと経営コンサルタントのジェームス・チャンピーの共著『リエンジニアリング革命』によると、BPRとは、「コスト、品質、サービス、スピードのような、重大で現代的なパフォーマンス基準を劇的に改善するために、ビジネス・プロセスを根本的に考え直し、抜本的にそれをデザインし直すこと」と定義されています。

改善と改革で大きく意味は異なります。改善とは現状問題のある点を直すこと、改革は現状ありきではなく、めざす姿に合わせて変えていくことを指します。

BPRとDXは大変密接な関係にあります。しかし同義ではありません。

たとえば、本社と店舗のムダな会議をなくし、代わりに新ビジネスを創出するワークショップを開始した、これについてデジタルは一切関わっていないので、BPRの中だけのこととなります。

しかし、ムダな会議や出張をなくしてリモート主体に切り替え、議事録は言語自動記録AIシステムを入れ、海外支社からきた会議資料はOCRで自動翻訳するという展開になると、デジタルの領域も関わってきます。

バックオフィスでは、下記の部門テーマが課題となることが多く発生しています。上段が課題、矢印が対策例です。ご覧いただければわかる

通り、デジタルの活用と業務や制度の課題が同居しているのがわかるはずです。だからこそ、BPRとDXは同義ではないものの、切っても切り離せない関係にあるのです。

▶人事部

□新卒採用の膨大な書類選考を人が1枚ずつ見ている
　➡他社と同じ内容をコピペしているものを選定するOCR・AIを導入
□面接後の評価シートがエクセルや手書きで、傾向分析が皆無
　➡採用評価システムを導入し、組織としての活用ポジションや1次評価者と2次評価者の違い、合格者の傾向等をダッシュボードで管理
□共通の指標や人材戦略との相関性が加味されておらず、役員の好みで決まっている
　➡適合性診断や人材戦略における不足ポジションとの適合性をカルテのように自動生成し、誰もがその資料をもとに面接
□研修が体系化されておらず、実施する年度や役職者、内容が流動的
　➡まずは年間カリキュラムの策定。その後にシステム化し、どう全社員に徹底していくかを検討（※e-Learningをただ流しているだけという形骸化しないようなことも含む）
□評価時期は評価シートのエクセルがメールで何百回と行き交う。フォルダの中にも大量のエクセルがあり、どれが最新かわからなくなる
　➡評価制度を再構築（評価ステップ、評価項目、定量評価のロジック、フィードバックルール等）し、評価システムに反映。評価作業の効率化とともに、前期からの成長度合いなど推移も分析できるようなシステムを構築
□組織編制が各上長の主観的希望で決定している
　➡各自の性格診断やスキル定義を明確にして、組織の全体最適のためにはどのような人材が不足しているかをシステムで明確化

▶法務部

□各取引先との最新の契約書がどれか、現場側にあるか法務部門にデータがあるかわからなくなってしまっている

　➡契約書に関する申請フローを明確に定義した後、システム上でその進行しかできないように管理。常に「いつのどの書式が最終版か」を明確化

□法務部門に同様の質問がさまざまな部門から寄せられ、その対応にかなりの時間を取られている

　➡法務質疑応答AIチャットボットや独自検索システムを導入し、類似した質問には過去事例から自動返答できるようにする

▶経理部

□毎月繰り返し発生する財務管理で確定した数字を、管理会計システムに人が転記している

　➡RPAを導入し、常に最新の確定情報が財務会計と管理会計に共有されるようにする

□仕入れとして届いた請求書と申請で挙がっていた金額のズレを、経理担当者が目でチェックし、それをエクセルで一覧化し対象者に毎月メールしている

　➡RPA、AIの導入により、ズレのあるものを自動検知しリスト化

□事前に経費申請が挙がっていたのに、月末になっても経費精算をしていない人を、人がチェックしてリスト化し、各自に催促メールをしている

　➡出張申請システムから、当月精算されていない人に自動的に催促メールがいくように設定

▶総務部

□リモートワークが増え、勤怠管理がしづらく、家でさぼっているのか
しっかり仕事をしているのか不明確で生産性が下がったような気がす
る

  ➡リモートワークにおけるルールを設定し、PCの起動時間や日報シ
ステムと連動させ、どのような業務をどれくらい進めたか、上長が
タイムリーに管理できるシステムを導入。評価において仕事の品質
とスピード、リモートワーク時のコミュニケーションの円滑さを項
目として追加

□新卒入社メンバーが入るたびに、総務の人が会社の成り立ちやルール
を説明。それが徹底されていないがために、入社していきなり実務に
入ってしまうケースがある

  ➡会社の軌跡、行動指針、ガバナンス、上場企業であればインサイダ
ーについて等基本的な事項は映像化し、入社して数日はその研修を
受けることをシステムで徹底

▶情報システム部

□相当過去に導入した基幹システムに問題があることはわかっている
が、改修するには大変な労力と費用、責任が生じるので、誰もその件
の本質的課題に触れたがらない

  ➡経営層が基幹システムの重要性を理解し、部門長や現場メンバーが
責任を取らされることを恐れて課題を放置しない環境作りを行な
う。その上で、小売業のシステムに詳しい有識者とともに、基幹シ
ステム構想策定プロジェクトをスタートさせる。その際、経営層は
現場を急かし過ぎたりコストだけを締めつけることがないように心
がける。基幹システムの刷新は少なくとも2年はかかるということ

を理解する。

□RPAのロボットを各部門が勝手にさまざまなベンダーに依頼してしまい、放置された野良ロボが増え、収集がつかなくなっている

➡RPAに関するガバナンスルールを設定し、ベンダーは1社に統合しルールを順守。ベンダー管理はシステム部門が行なう。ただしRPAの設定までをすべてシステム部門が請け負うとキャパシティオーバーするので、各部門にRPAの運用法は移譲することが望ましい

□管理システムやエクセルが複数存在しており、店舗やグループ企業で見ているフォーマットや指標が異なる

➡システムの統一化と、経営層が判断しやすいシンプルなインターフェースへ刷新

□グループ企業や業態別に顧客IDが異なり、グループとしてのシナジーが出ていない

➡ID統合プロジェクトを発足させるしかないが、IT企業とコンサル会社の選定には相当なる注意が必要。サイバーセキュリティやガバナンス等にも長けた企業を選定すること

ここまで挙げた内容は、あくまで発生しがちな一例ですが、「うちの会社でまさにそれが起きている」と思い当たる方も多いのではないでしょうか。

わかりやすく整理するために部門ごとに表記しましたが、それぞれの内容には必ず部門が横断的に関わります。単一部門で閉じた考察をすることなく、本社、店舗含め、関わる部門と連携を取りながら進めることが大前提であることを忘れないようにしてください。

業務改革を進めるにあたっての課題は、経営層の意識や制度にある場合があります。そしてその意識とは、忖度や遠慮を生み出す社風の側面から、デジタルに対する意識、制度とシステムの関連性に至るまで多岐にわたります。

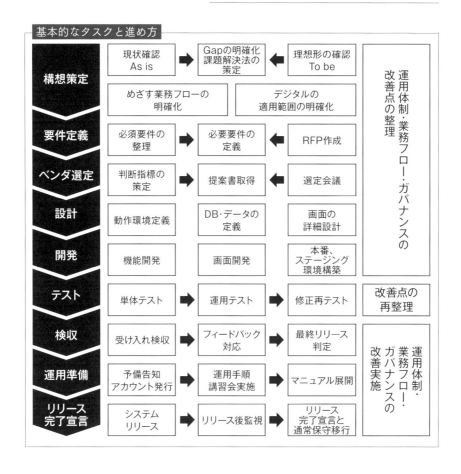

図はシステムを導入する際の基本的な進め方です。構想策定の部分で必ず「現状」と「めざす姿」のギャップを顕在化し、ギャップのうちデジタルが関連することと、それ以外とを区分しなくてはなりません。デジタルが活用されたときの「めざす業務フロー」も可視化することが必要です。

本章でご説明していることは、実は小売業に限らず全業種に当てはまる内容です。コーポレート機能のDXにおいては、どの業種にも当てはまる基本があることをまず知り、その上で小売業ならでは、自社独自のフローや顧客対応の考察を付加するようにしましょう。

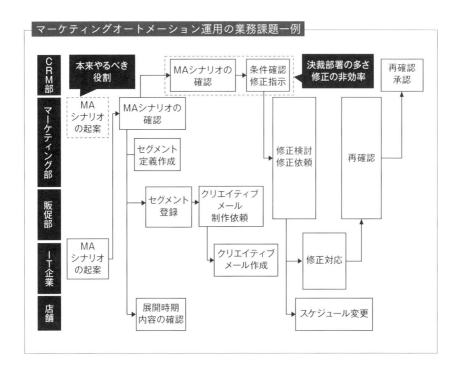

マーケティングオートメーション運用の業務課題一例

CRM部
マーケティング部
販促部
IT企業
店舗

本来やるべき役割

MAシナリオの確認

条件確認修正指示

決裁部署の多さ修正の非効率

再確認承認

MAシナリオの起案

MAシナリオの確認

セグメント定義作成

セグメント登録

クリエイティブメール制作依頼

修正検討修正依頼

再確認

MAシナリオの起案

クリエイティブメール作成

修正対応

展開時期内容の確認

スケジュール変更

2 業績の成否を握る、品揃えと価格の最適化

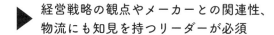

▶ 経営戦略の観点やメーカーとの関連性、
物流にも知見を持つリーダーが必須

　小売業のDXにおける最重要テーマと言えるのが、**品揃えと価格の最適化**です。DXで何を最も優先的に注力すべきか？　と問われれば、このテーマを挙げます。この領域はコーポレート機能の中では主幹する部署をどこにすべきか、意見が分かれるところです。

　あえて断言すると、この領域はシステム部門で主幹しないほうが得策です。戦略の要素や小売業ならではの指標（店舗運営、物流、商品発注の慣習等）を熟知している人が携わらなければ、成り立たないからです。

　よって、どの部門で品揃え最適化について推進するのが適しているかといえば、経営戦略室やマーケティング戦略室という組織になります。

　その部門のメンバーに商品部や店舗運営や物流の経験があることは前提になります。もしいなければ、プロジェクトメンバーに追加アサインしましょう。

　商品の最適化は多くのGMS、スーパーマーケットやコンビニエンスストアが抱える課題です。脱チェーンストアオペレーションの時代に突入している通り、全国どこでも同じ品揃えではなく、究極は店舗ごと、曜日ごと、時間ごとに商品を最適化する必要が生じています。数百店舗、数千店舗でそうした分析を人の手で行なっていては、作業が追いつきません。そのためにテクノロジーを活用してその精緻な分析を可能にするのです。

　小売企業のデータ活用で壁に当たるのが、次の課題です。

①どのような数値が出たら正（GOOD）とするのか、成否定義の設計
②商品発注量を変更するにはメーカーとのロット契約によるところもあり、小売側の都合だけで簡単に変更はできない
③店舗側が精緻なデータを売場に反映できるか、オペレーションの問題
④店舗別に在庫補充量を細分化させるときの物流対応の問題
⑤会計上の課題：総平均法から移動平均法への改訂

　有用なデータが出たとしても、これらの課題が挙がることでしょう。これこそが人の知恵によって解決すべき問題です。

▶①成否定義の設計

　成否定義の設計は、１坪あたり回転率、交叉比率、店舗周辺の人口動態との相関性、粗利構成比と売場構成比の整合など、そのKPIを設計する議論によって、今後のマーケティングの精度がさらに向上する要因となります。

　この点を議論する時間を、十分に確保する必要があります。

　この指標の設定は経営戦略部門、商品部、店舗部門がそれぞれの知見を連携して議論しないと良質なものとはならないはずです。どのような数字をGOODラインとするか、その項目選定と数字設計は一流のコンサル会社でも難しく、小売業に長年関わってきた方々のノウハウを集結させる必要がある、最重要ファクターと言っても過言ではありません。

　成否定義の設計ができていないままテクノロジーだけを導入しても、現状数値が出てくるだけで、何がよくて何が悪いのか、明確さと客観性に欠け、人のさじ加減で判断をしかねません。

　AIは感情を持ちませんから、通常では考えつかないことも迷いなく提示してきます。極端な例でいえば、飲料部門でお茶のフェースを棚すべてにすることなど、人の判断ではしないはずです。しかしAIはこれ

が売れる品揃えだと判断すれば、すべてお茶にすべきと提示してきます。

　AIが機能するために、小売業ならではの成功法則をルール化すること、ここに人の力が発揮されます。

▶②メーカーとのロット契約

　小売業は、商品廃棄量を含めて考察し、顧客ニーズを細分化して対応することで、結果的に廃棄が減り、トータルで従来よりも収益が向上することをメーカーとともに議論する必要があります。

　懸念を示すメーカーもあることでしょう。一律大量に納品したほうが、ロットによる価格メリットも出ますし、メーカー側の売上が確保されやすいからです。

　競合よりも小売の棚を多く取ることを会社からミッションとして受けているので、そうならざるを得ない事情を抱えています。しかし、今は小売業が陳列・販売、メーカーが商品提供という分化した時代ではありません。小売業とメーカーのパートナーシップのあり方を見直す必要があります。

　いくつ発注したら単価がいくらになるかという議論ではなく、各店舗のニーズに合わせてどのような商品をどの量提供することが最適で、ロスを軽減させるか、データをもとにともに話し合っていかなくてはなりません。

　1店舗で見れば10点くらいの納品差かもしれません。しかし、それを全店で精緻に店舗在庫と補充のバランスがなされた時、店舗の収益は上がり、お客様が求める商品が適切に揃っていることで全体の売上のかさ上げにつながるのです。

　「あれはけっこう売れるから、多めに発注しておこう」という店長の感覚ではなく、正確なデータに基づいて発注するために、小売業側、メーカー側両方の足並みを揃えなくてはなりません。

▶③オペレーションの問題

　良質なデータが出てきても、店舗のバックヤードで在庫を眠らせてしまい、店頭の陳列が今までとあまり変わらないようでは、せっかくのデータも力を発揮しません。データを陳列につなげ、それがお客様に支持される、この流れに到達するには、店舗スタッフがデータをどう見てどう活用するかを体得する必要があります。その教育モデルもセットで考えるべきテーマです。

▶④物流対応の問題

　物流においては、大量在庫を担うディストリビューションセンター型か、在庫はさほどせず細かな店舗仕分けを行なう通過型のトランスファーセンターがあるかによって、対応は大きく異なります。各店舗への納品をさらに細分化できるか、物流部門のオペレーションを綿密に確認しなくてはなりません。

　A店にはこの商品は０個、B店には12個、C店には０個となった場合、従来は３店舗を近隣配送することで物流費の軽減を図っていたのに、B店のためだけに配送が発生するという事態が生じます。

　センター一括在庫の場合、通販用の商品もそこで在庫しているケースが多いので、店舗向けと通販向けの２つのオペレーションを整備する必要があります。通販の商品引き取りを店舗で行なう場合、店舗向けの納品が混在することになるので、再度オペレーションフローを見直さなくてはなりません。

▶⑤会計上の課題

　会計上の問題はあまり知られていないかもしれません。

　他の章でも触れたように、本社中心のマーケティングから店舗主導へリージョナルシフトするには、実は会計上の問題が関係します。それが総平均法から移動平均法への移行です。これらは両方とも在庫の算出に深く関係します。

　総平均法とは、期末に一度、会計期間の平均仕入単価を算出して、売上原価、期末在庫の棚卸額を算定する方法です。

「総平均法」計算式

期末棚卸額 ＝（期首棚卸額 ＋ 期中取得棚卸資産額）÷（期首棚卸数量 ＋ 期中取得棚卸資産数量）× 期末棚卸数量

　大量に発注し在庫する場合、この計算式を用いることが多いのですが、この算出を半年や年の単位で行なってしまうと、月ごと、究極は日ごとに変動する価格競争において自社の粗利がどれくらい確保されるのかが把握しづらくなるのがデメリットです。

　移動平均法は、仕入れを行なった都度、在庫単価を計算する方法です。

「移動平均法」計算式

移動平均単価 ＝（受入前棚卸資産の評価額 ＋ 今回受入金額）÷（受入前棚卸資産数量 ＋ 今回受入数）

期末棚卸額 ＝ 期末棚卸数量 × 直近で算出された移動平均単価

　仕入れ値が変動する中、リアルタイムで実態に近い粗利益を計算できることが最大のメリットです。仕入れの回数が多い場合は計算が複雑かつ手間も増えますが、それをシステム等で解消すれば、小売業の日々変動するニーズに対応しやすくなります。

店舗に権限を委譲し、顧客対応を迅速にする場合、店舗がおおよその感覚値で値引きをする、廃棄間際のものを値引きするということでは、自社の利益の確保に不安が生じます。実はこの会計の考え方が根本問題となっている小売企業も存在するほど、重要な課題です。この課題についてはぜひ会計士に相談して進行することをお勧めします。

　品揃えの最適化とひと言で言っても、AIカメラを入れれば完結するものではなく、店舗、物流の人的な動きも含めて考察しないと、理想の姿には到達しないのです。

7章

店舗とECを
分断しないDX

1 ×ECは店舗売上を奪取する
○ECと店舗の相互作用を重視

▶ 店舗の役割の変化に対応する

　O2O、マルチチャネル、オムニチャネル、OMOなど、これまで小売業にはさまざまな概念が飛び交ってきました。

　今重視すべきは、OMO（Online Merges with Offline）です。OMOはオンラインとオフラインの垣根を作らず、顧客起点にオンラインとオフラインを融合し、顧客体験を強化するマーケティング施策です。
オムニチャネルとOMOは類似した言葉で、何が違うのかと問われることの多い概念です。

　オムニチャネルはオンラインとオフラインを区別し、どのチャネルでも在庫確認や決済、ポイント等が連携していく、購買行動が起点の概念です。ID連携、データの一元管理が重要である点は、オムニチャネルもOMOも同様ですが、OMOは購買行動を含めたあらゆる体験を対象として考察します。ブランドストーリーを知ること、世界観の体験、匂いや触り心地、音、味など五感への訴求、嬉しさや驚きという感情の側面、不満解消に至るまでをどのように顧客に提供するか。

　「店舗で陳列されている商品をECでも購入できるようにしたら便利で、顧客は反応するであろう」。

　これは果たして正でしょうか。おそらくこの流れでは困難に直面するはずです。さまざまなチャネルで情報が取得でき、購入できる、これだけでは顧客は満足せず、リピート率も向上していきません。

　消費者は、これまで店舗で感じてきた体験という価値を諦めてECで購入しているわけではなく、もはや多チャネルで購入できることは当たり前であり、慣れてしまっているからです。

　この前提のもと、店舗を持つ小売業がECのあり方を考える際、店舗とECを分断して考えることはもちろん避けなくてはなりません。

　今では少なくなってきましたが、従来、店舗部門とEC部門の組織の連携は希薄でした。店舗部門からすると、「ECに売上が流れると、自分たちの評価が下がる」という風潮さえありました。評価制度がそうなっている以上、仕方のない側面でもあります。

　しかし、OMO時代にこれは適しません。店舗近隣に居住している顧客がどのような体験をしたうえで購買にたどり着いているか、売上やECのアクセス動向のみならず、定性的な面も含めて店舗とECの相互作用を最大化することを基本とする必要があります。

　その際に必要なことを以下に整理します。

▶①対象エリアの商圏内市場規模を設定する

　自社が取り扱う商品の市場規模の総和を算出します。

> 　総市場規模÷総人口＝１人あたり年間消費支出額
> 　１人あたり年間消費支出額×商圏内人口＝概算商圏内市場規模

で計算できます。

　この市場規模に対して、どれくらいのシェアを獲得するか

> 　商圏内市場規模×目標シェア＝目標売上（店舗・EC含む）

　この目標売上を、店舗部門・EC部門が連携してめざしていきます。

　旅行などの市場であれば、商圏内人口で乗算する計算式では実態とずれることがありますが、日常の消費に直結している小売業においては、１人あたり消費が大きく変動することは少なく、商圏内市場規模がある程度の目安となります。

※ランドセルなど特定世代だけ（年長のお子さんがいる家庭）が購入することがわかっているカテゴリーの場合は、「平均購入単価×対象ターゲット人口」など他の計算式を用いる。

▶②店舗とECの相関性指数を設計する

下記のような数値を整理し、通常の値（平均値）からどう変動するかを分析し、マーケティング精度を向上させていきます。

・店舗、ECの月別平均指数の整理（客数、購入数、アクセス数等）
・店舗集客数が向上した後のECへのアクセスや購買への影響
・広告宣伝が強化されたタイミングにおける店舗とECへの影響
・各カテゴリーで店舗やECで企画を実施した後の相互作用
・店舗起点のEC・アプリ会員促進強化
・EC上による店舗限定企画、店舗からEC限定企画への誘導
・ECで充足されない五感や体験の要素を店舗で企画
・店舗・ECの両方にコンタクトのある顧客と、ECのみの顧客との購買単価やリピート率の差異

▶③店舗・EC最適化会議を定例化

評価制度を改訂し、商圏内市場規模の中でいかにシェアを獲得したかを評価指標にするには時間を要しますし、旧来の制度から変更が困難なこともあることでしょう。しかし、店舗とECは一心同体です。

少なくとも「2」で示した指標をレビューし、改善していくための会議は定例化することをお勧めします。

2　BOPISは日本でも主流となる

▶ **配送料を価格に転嫁することは**
日本では困難

BOPISという言葉を存じでしょうか。BOPISとはBuy Online Pickup In Storeの略称です。

世界一の小売業であるウォルマートが伸長した大きな要因のひとつが「BOPIS」です。BOPISとは、オンラインで購買を決定し、商品を店舗へ引き取りに行くことを指します。

米国でBOPISが伸長した大きな要因として、「配送費の節約」「不在時に家の入り口に置いていかれることによる盗難被害の増加」「時間の削減」の3つが挙げられます。

1つ目の配送費の節約については米国、日本両国においても配送料はもちろん節約したい対象です。通販で配送料無料が通例化してしまった国ではなおさらです。Amazonはウーバーの物流版といえる個人配送を展開しています。個人を活用した配送網の構築を推進し物流面での整備を進めています。

Amazonの、不在時に指定された場所にお届けする「置き配指定サービス」を利用されている方は日本でも多いことと思います。家の前に止めている自転車のかごや玄関先、車庫、ガスメーターボックスなど指定した場所に置くことで、サイン不要で配達が完了されるものです。これは2つ目の不在時対応について、盗難リスクが少ない日本に適応したサービスであり、すでに頻繁に利用している方も多いことでしょう。

３つ目の時間の削減については、店内での買い物時間と、レジに並ぶ時間の短縮というメリットがあります。

　スターバックスジャパンは2019年６月より、都内56店舗にてスマホで事前注文を可能にする「Mobile Order & Pay（モバイルオーダー＆ペイ）」を開始しました。BOPISの概念は流通小売業だけではなく、外食産業をはじめ、さまざまな業種に適用されています。

　百貨店においては、家賃収入を主体とした「テナント型（賃貸借契約型）」と、商品の独自仕入れ・売り場作りを展開する「MD型（消化仕入れ型）」、両方をバランスよく取り入れる「ハイブリッド型」に大きく分かれます。どの形態においても、BOPISの考え方は少なからず影響します。売り場を試着、試飲、コンシェルジュ型の「接客でアドバイスを受ける場所」、もしくは「商品を引き取りに行く場所」と再定義した場合、よりコンパクトな面積で展開が可能となり、テナントの構成や売り場の構成に変化を起こすからです。

　米国で成功している小売業のモデルを日本にそのまま展開すれば成功するほど、日本市場は簡単な市場ではありませんが、アメリカではBOPIS利用率は70％にのぼり、引き取るために店舗を訪れた際に、ついで買いをする人が85％というアンケート結果が出ているほどです。

　配送料無料に慣れ親しみ、配送料がかかることで買い控えが生じる日本の商慣習において、BOPISは百貨店、GMS、ホームセンター、スーパーマーケット、コンビニエンスストアに至るすべての業態で取り組むべきテーマです。

3　顧客体験を7つの分類で整理する

▶ 〝顧客の体験を最大化する〟とは一体何を指すのか

　小売業では「顧客体験が重要」と声高に叫ばれてきました。しかし、顧客体験を明確に定義できている企業は少ないのではないでしょうか。最重要テーマであるにもかかわらず、「顧客体験とは何のことを指すのですか？」と聞かれて答えられる人は、実は少ないのです。

　では、顧客体験の最大化とは一体何を指すのか。顧客体験が必要とされる項目を以下の7つの分類に整理します。

　①時間、②商品、③価格、④量、⑤サービス、⑥場所、⑦販促です。

　それぞれにどのような顧客体験があるか、自店や利用しているお店に照らし合わせてみると、わかりやすくなります。

　サービスはわかりやすい例がすでにいくつも誕生しています。ハウステンボス㈱が運営する「変なホテル」では、接客をロボットが担当します。

　Amazonやアリババが積極展開する無人店舗は、有人接客をゼロ化・デジタル化しています。これもひとつのサービスに驚きを与えている一例です。

　皆さんは、靴の通販をアメリカで展開するザッポスという企業をご存じでしょうか。Amazonを震撼させたとして注目を集めた企業です。カスタマーサービスの神対応が顧客とのさまざまな感動ストーリーを生み出している企業です。

　24時間365日対応のコールセンター、送料・返品無料、返品は何回で

も何足でもOK、基本的に翌日配送という仕組みに加え、コールセンターのアナログな対応力という強みも備えています。このサービス力は従来の通販や小売りのサービスへ変革を起こしました。

　お客様が気に入るまで何度でも靴を試してもらい、満足のいく商品をご購入いただく、時にはコールセンターのスタッフが手書きの御礼の手紙まで添える。おもてなしという部分においては、効率化や採算以上に顧客満足を最前面に据え、顧客の期待値を超えるサービスを実現しています。もちろん、その上で緻密な在庫管理や効率的なサイト運営を行なうことで、企業の利益を確保しています。

　顧客体験とは、**お客様が驚くほどの価値を、７つの分類の中で提供すること**です。

　ザッポスが掲げる10のコアバリューのひとつ目に、顧客体験の最大化に関する大きなヒントがあります。それが「サービスを通して、WOW（驚嘆）を届けよ」です。この「サービス」の部分に、前述の７つの項目を当てはめてみてください。「"商品"を通して、驚嘆を届ける」「"価格"を通して、驚嘆を届ける」というように、従来とは異なる、お客様が驚くほどの価値があるかどうかを確かめる指針になるのです。

　ザッポスの10のコアバリュー（価値基準）は次の項目です。
①サービスを通じて、WOW（驚嘆）を届けよう。
②変化を受け入れ、その原動力となろう。
③楽しさと、ちょっと変わったことをクリエイトしよう。
④間違いを恐れず、創造的で、オープン・マインドでいこう。
⑤成長と学びを追求しよう。
⑥コミュニケーションを通じて、オープンで正直な人間関係を構築しよう。
⑦チーム・家族精神を育てよう。

⑧限りあるところから、より大きな成果を生み出そう。

⑨情熱と強い意思を持とう。

⑩謙虚でいよう。

　米国のアウトドアスポーツ専門店であるバスプロショップ「アウトドアワールド」は、店内に滝が流れ、巨大な水槽にはアロワナが泳ぎ、動物の剥製が多数通路に設置されています。大人も子供もワクワクする自然の臨場感という体験を提供することで、ミズーリ州の本店は観光地のひとつになっています。これは販促における驚きの提供と言えます。

　前述した7つの分類に、顧客が驚くような利便性や楽しさが備わっているかどうかが顧客体験の最大化の鍵を握ります。このように、デジタルありきではなく、店舗やサービス力含めて顧客体験を定義する必要があります。DXにおいてはデジタル体験ばかりに目が向きがちですが、お客様にとっての体験とはもっと広義であり、オンラインとオフラインを区分してはいないことに十分に留意しましょう。

8章

プロモーションにおける
デジタル活用

1 ×デジタルのトレンドに飛びつかない
○デジタルこそ基本ありき

▶ プロモーションの上流工程を重視する。
まずは絞り込んだ展開で成功例を積み重ねる

デジタルプロモーションは、それだけで1冊の本になるほど論じるべき幅が広く、ノウハウのポイントは尽きません。本書ではDXの一助を担うプロモーションにおいて、特に普遍的に押さえていただきたいポイントのみを整理します。

小売業の方、特に上層部の方からよく聞かれるのが、「Web広告は本当に効果があるのか？　本当に表示されているのか？　折り込みチラシのほうが印刷物として目の前にあるからしっかり発信している感じがする」という声です。

もうひとつは、現場担当者の方の「インスタやTikTokって流行っているから、ちょっとやってみたいんです」という声です。

どちらも半分正しく、半分誤りというイメージで捉えましょう。
SNSを手掛けることは必須です。しかし、目的や役割を理解しないまま展開すると、成果につながりません。

当たり前のように聞こえるかもしれませんが、重要な点なのでデジタルマーケティングで必ず押さえるべき普遍的なポイントを整理します。

▶①3C、4Pのマーケティングフレームを確実におさえる

3Cとは市場（Consumer）、競合（Competitor）、自社(Company)のことを指し、4Pは商品(Product)、価格(Price)、チャネル(Place)、販促

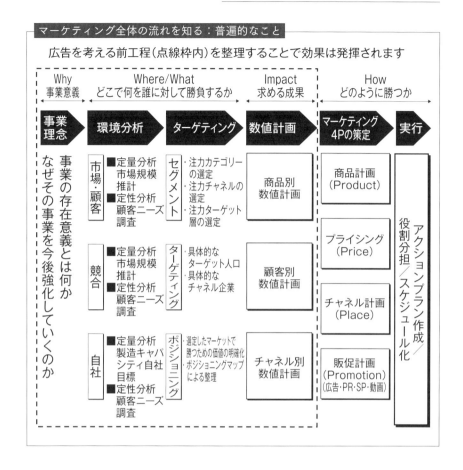

マーケティング全体の流れを知る：普遍的なこと

広告を考える前工程（点線枠内）を整理することで効果は発揮されます

(Promotion)です。時代の変遷に従いさまざまなフレームが出てきたことで、３Ｃや４Ｐのフレームは古いと軽視する方がいますが、この基本を網羅してプロモーションに臨めている企業は意外に少ないのです。

　競合の強みや弱みを的確に把握せず、自社が言いたいことをとにかく発信する、商品力あってこその販促であるのに、商品の価値がおざなりなまま派手な広告だけを展開している。このようなケースはあとを絶ちません。

　図の通り、成果の出る広告をめざす場合、広告の前工程である環境分析やポジショニング、数値計画の視点を押さえる必要があります。この

基本はデジタルでも紙媒体でも変わらないこととして重視しましょう。

▶②今のユーザーが求めていることは何なのか、「今」に アンテナを立てる

昔の経験から今を考えることはもちろん大事ですが、デジタルの普及により、変化は加速度的に早まっています。コロナの影響で、消費意識はさらに大きく変化しました。

お客様は"今"どのような媒体、デバイス、コンテンツを求めているのかを、粘り強く把握し続けなくてはなりません。

紙媒体やマス媒体を一概に否定してデジタルに移行するのではなく、顧客の今のニーズを起点に設計しましょう。

▶③届けなくてはチラシもWeb広告も意味はない

当たり前と思った方も多いことでしょう。しかし、これが意外に見落とされています。Webサイトを作った、SNSアカウントを立ち上げた、アプリをローンチした、このような取り組みはどの企業も行なっていることです。では、その存在を顧客に本当に届けているのでしょうか？

折り込みチラシは印刷しただけでは誰にも届かず、新聞に折り込んではじめて到達します。Webサイトを作ったまま待っている状態は、折り込みチラシを作って社内に置きっぱなしにしているのに等しいのです。

受け皿である媒体と、顧客に情報を届ける広告はセットで検討しなくては、「Webってあまり効果がない」と誤った判断に陥ってしまいます。

ハイクオリティなデザインや斬新なタイアップ企画を展開しても、Web広告を打っていないからほぼアクセスがない、SNSアカウントをいくら更新してもそもそもフォロワーがいない。これでは関わる現場担当者の業務が徒労に終わってしまいます。

届けてこそ広告の一歩目がはじまるのであって、作ったことが第一歩

と勘違いしないように注意しましょう。

▶④中途半端に散らばった媒体展開をしない

　予算がさほどないのにテレビCMを展開すると、大手企業の広告に埋もれてほぼ認知されません。予算がないならデジタルに費用を振り切るほうが得策なケースが多く見受けられます。あれもこれもと散らばった展開をしたり、ひとつの媒体に十分なコストをかけないようでは、効果は得られず、単なる浪費に終わります。

　デジタル分野に限っても同じ話です。YouTube、TVer、GYAO!など、やみくもに動画コンテンツを網羅的に展開しようとするケースがありますが、これは予算が潤沢にあって、かつ、全広告に情報を張り巡らさないと競合に勝てない企業の選択です。まずは自社にとって最も成果の出やすい（もしくは出ている）手法に集中してコストを投下し、成果が出たら次の投資に回すという流れが正攻法です。

　最も避けるべきは、試しに5万円だけ新しい媒体に展開して反応を見るというケースです。ある企業でこのような例がありました。5万円で今まで実施していなかったWeb広告を展開しました。しかし、その企業の客単価や一般的な広告からの反響率を設定してみると、5万円で獲得できる顧客は0.8件というシミュレーションになっていました。1件も取れないというシミュレーションでは、結果が0件であってもシミュレーション通りと言わざるを得ません。「そんなことをするはずない」と思うかもしれませんが、Web広告やSNS広告では、「まず〇万円くらいで」と感覚値で実行する企業が多いのが実情なのです。

▶⑤テレビCMの映像をWebに転用しない

　テレビCMで作成した映像の素材をそのままYouTubeなどで流す企業は多く存在します。しかし、YouTubeはじめ各動画メディアによって、

視聴時間や、ユーザーが途中でスキップできるかどうかなど、特性は大きく異なります。にもかかわらず、テレビCMと同じ尺の映像を転用して、結果、Web動画は効果がないと嘆くのは、そもそも初期段階で誤っているのです。

素材をメディア特性に合わせて編集し直せばいいかというと、これも完全な正解ではありません。家で見るのか、移動中なのか、誰に向けた動画なのかによって、テレビCMとは内容から何からまったく違う方向で考えなくてはいけない場合があります。

テレビCMとYouTubeで素材が異なると共通イメージが作れない、と懸念するかもしれませんが、そもそも、セグメントした媒体とマス媒体ではメリットが異なります。せっかくのセグメントメディアでマスメディアと同じことをしていては、不正解ではないものの、もったいないことをしているのです。

▶⑥会社の方向性、商品とずれていてはデジタルも機能しない

5〜6年前は、大手企業だけがハイレベルなアドテクノロジーを駆使していた印象でしたが、今や全国どの地域の中小企業においても、同質の展開になってきました。得る情報や活用するマーケティングツール、広告会社からの提案への慣れも含めて、日本全国、企業の知見が向上しています。その中で、成功と失敗の分岐点となるのが、会社の方向性や商品の価値に合致した広告展開になっているか、という点です。

▶⑦YouTubeやInstagramで間違えがちな媒体の目的

「YouTube広告を展開したけれど集客があまり変わらなかった」「SNSアカウントに投稿したのに販売が伸びなかった」、このような声をよく聞きます。その際、ほぼ必ずと言っていいほど発生しているのが、目的

のすれ違いです。コンバージョン（反響・消費者のアクション）をめざすのか、認知促進をめざすのかで、実施後の成果に対する判断が異なるのは明らかです。

　認知促進に適した媒体であるのに、来店数に変動がなかったからYouTubeはBadと判断するのは尚早です。

　どの媒体に出すかと考える前に、自社の課題を明確にしなくてはなりません。大量露出すれば大量に集客できる時代はとうに過ぎました。

　広告は課題解決のために存在するものです。課題と解決法のマッチングを決して見誤らないようにしましょう。

▶⑧コンセプトをおざなりにしない

　デジタルマーケティングでは、データをもとに数字と対峙することが多く、定性的な要素をおざなりにしがちです。定性的な要素には、企業、商品・サービス、事業などさまざまありますが、必ずコンセプトが存在します。コンセプトとは存在理由、提供する価値、その事業・商品にかける思いなど、多くの要素をひと言やワンセンテンスに凝縮したものです。広告効果を最大化するための最初の道標に等しいものです。

　コンセプトがあった上で、消費者に響くメディアストーリーやキーワード、デザインが付加されていきます。道標であるコンセプトに従うと、メディアをひとつに絞ったほうがその道に外れないのであれば、それが正解です。

　クロスメディア、統合マーケティング、マルチメディアとさまざまな概念が溢れていますが、それらが意味する本質は、「自社のコンセプトを顧客に伝える最適なメディアを絞り込む」という意味であり、多数の媒体に展開することが義務ではないことに注意しましょう。

　皆さんも一消費者として、通販サイトなどの1メディアだけで購入している商品があることでも思い当たるはずです。

▶⑨店舗は五感、感情に訴えることのできる強みを持つ

オンライン上で顧客に提供できないことは何でしょうか？　オンラインで100％不可能とは言いませんが、「五感に訴える」ことは店舗の強みと言えます。

音楽はオンラインでも聞けますが、家電製品の音が実際にどれくらいのものか、高級コーヒーメーカーで挽くと、コーヒーはどれくらいいい匂いがするのか、ソファやテーブルの触ったときの感覚は自分が求めるものかどうか、これらは実際に店舗に行って商品と接しないことには体験できません。また、喜びや驚きも店舗という迫力で提供できるひとつの価値です。

店舗の特性とオンラインの特性を考慮した上で、プロモーションで顧客に何を訴求すべきかを考えましょう。セール中だから、オンラインでも店頭でもセールの文字の乱立、これではひと工夫足りないと捉えましょう。

▶⑩どれだけの売上、客数を達成するために販促費をかけるのか

皆さまが販促を検討する際、販促予算をどう設定しているでしょうか。「広告会社から出てきた見積書を検討する」「大体100万円くらいならかけても問題ない範囲な気がする」「去年と同じ額を展開する」などさまざまでしょう。

日本の小売業の販促費は、売上に対して２〜４％である企業が多く、SPA（製造小売）型で粗利率が高い（40〜50％ほど）企業では８％前後となります。自社の年間販促費を年間売上で割り算すれば、自社の販促費比率は簡単に算出できます。

　それをひとつの基準として、以下の検討を進めてみましょう。

　たとえば1,000万円の販促費を投じるとき、その販促費でどれくらいの売上高を生み出せばよいのか。売上対販促費比率が４％の企業であれば2.5億の売上目標となります。逆に会社から2.5億の売上を追加で生み出さなくてはならない、販促で何か考えなさいと指示が出たときには2.5億×４％で1,000万円の販促費であれば自社の基準に近いと目安をつけることができます。

　売上目標を設定した後に、客単価で割り算をすれば目標客数が出ます。

　これが1,000万円の販促費を投じるときの件数目標となります。

　あとはゴールから逆算して購買率、来店率、サイトアクセス率などを定義し、必要な広告表示量を算出します。そこから各媒体でどのように組み合わせることが効果を最大化させるかを考察する流れです。

　一連の流れをシンプルにまとめたのが以下の図です。

広告費と目標金額・件数の考え方

投じる販促費によっていくらの売上をめざすべきか
または何件の成約をめざすべきか

適性販促費＝売上目標額 ×4%
※小売企業は 2〜4% 前後

例：販促費を 1,000 万円投じる場合

売上目標＝1,000 万円 ÷4%＝2.5 億円

単価 5,000 円の商品の場合　2.5 億円 ÷5,000 円＝5 万件目標

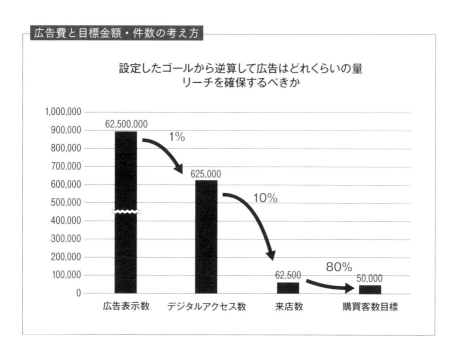

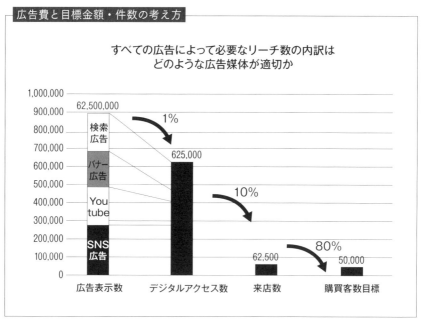

　売上目標と販促費の基準を示しましたが、場合によっては単年で考察せず、1〜2年後を踏まえた投資の観点も必要になります。

　わかりやすい事例を下記へお送りします。

　あるスーパーマーケット企業A社は、毎月数百万円の折り込みチラシを実施していました。しかしWebマーケティングに取り組まねばと、まず10万円だけWeb広告を展開しました。しかし10万円分のWeb広告ではさほどのインパクトを生みません。とはいえ、チラシを減らしたのに売上は下がらないという想定外の結果に気づきました。そしてA社は、800万円の費用をすべてWeb広告に投じるというテストを行なったのです。折り込みチラシ展開時と、売上や販売点数がどのように変動するかを、勇気をもって試したのです。テストしてみることで、迷い続けていたチラシとWebの適正バランスに結論づけたかった思いもありました。

　その結果、売上は前年比3％増、客単価は1,000円向上しました。このときの販売商品はおせちの早期予約でした。

　その後A社はWeb広告に集中していくのですが、翌年、意外な成果が得られました。まず、前年にWeb広告経由で販売した早期予約はネット会員登録が必須であったため、購買した顧客すべてのアドレスを取得できていました。せっかくメルマガリストが大量にあるからと、メルマガを翌年のおせち早期予約訴求で実行してみました。すると、想定を遥かに超える反応がきて、早期予約の商品がメルマガだけで完売したのです。結果、前年に投じた800万円のWeb広告を投じることなく、最高の結果を得ました。広告経費は下がり、売上は上がるという文句のつけようのない成果です。

　このように、データを取得することで、たった1本のメルマガで十分に効力を発揮する場合があります。データを蓄積するという「投資の発想」も含めて、ときに中期・長期の視点で販促費を考えていきましょう。

2 ×売り込みすぎる広告、値引き訴求ありき
○PR×SNSが信頼を作る

▶ **チラシと同じことをSNSに求めない**

　SNSの普及によって「人口総メディア化時代」となり、もはやすっかり定着しました。

　図にある通り、SNS利用者にシニアが該当しないということはすでになく、SNSはすべての世代のメディアです。カテゴリーによっては、Google検索を上回るほど情報取得の入り口になっています。

　では、SNSアカウントを立ち上げて自社の訴求したい内容をあげればいいのかというと、そんなに簡単な話ではありません。

　情報を詰め込みすぎて売り込み色が出てしまうと、嫌悪感を与えてしまいます。値引きありきの訴求も問題です。もはや多くの人が値引き情報に慣れてしまい、セール訴求に反応する顧客はバーゲンハンターでしかなく、価値があれば価格が高くても買う顧客を離反させた例は少なくありません。

　企業や商品への共感・好意を得ることが入り口であることを念頭に置いて展開しましょう。発信している人や企業の信用があってこそ、発信内容に共感が生じます。

　友達がコメントしている内容は信頼するけれど、擬人化もされていない企業アカウントの情報は流し見するだけで記憶に残っていないという経験は、誰しもあるはずです。

　これはPR（パブリシティ）の特性と類似しています。広告が自薦であるなら、PRは他薦です。自分で自分のよさをアピールするのではなく、第三者が評価し推薦してくれる流れをうまく作ることです。

SNSの世代別利用状況と情報取得

世代別SNS利用状況

70代以上の利用増が20%超

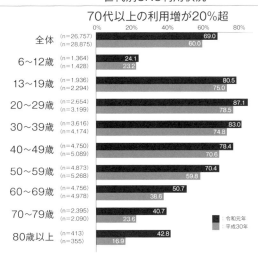

出所：総務省「令和元年通信利用動向調査」を元に作成

流行のファッション情報の取得先

Instagramは検索のメイン手法に。

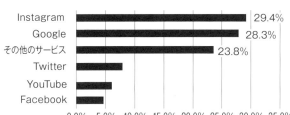

出所：マーケティングリサーチキャンプ「流行ファッション情報源として、
『Instagram』が『Google』を抜く」を元に作成

SNSの展開を強化する際は、次のポイントに留意しながら進めてください。

①全世代に浸透するメディアであるが、広告はセグメントしたコンテンツ配信を積み重ね、結果としてオールターゲットを網羅していく
②リアルタイム性を重視する場合に優先すべきSNSメディアはInstagramとTwitter
③紙媒体はSNSやWebサイトへの集客装置のひとつとしての役割を担う
④SNSアカウント限定特典と店舗限定特典を企画し、相互集客強化
⑤アンケート調査のみならず、SNS上の直接的な顧客の声を必ず把握する（ソーシャルリスニング）
⑥Instagramは世界観を重視し、いくつもカテゴリーを詰め込まない。チラシのようなInstagramは一切機能しないと心得る

　プロモーションに関するツールやメディアは溢れかえっています。今後も次から次へと誕生することでしょう。
　その際、ここで挙げた基本事項を忘れず、トレンドや競合の動きに影響されすぎることなく、自社の軸に目を向けることを重視してください。

9章

小売のDXお手本企業
から学ぶ

1 売り込まない店舗、発見する店舗

▶ **b8ta（ベータ）** ◀

　日本2店舗を含め世界で約20店舗を展開してきた体験型店舗「b8ta」（ベータ）が2020年8月、有楽町と新宿マルイに日本初オープンしました。

　b8taは、サンフランシスコ発のRaaS（Retail as a Service）の代表企業です。

　Retail as a Serviceとは、直訳すればリテール事業のサービス化で、物販で収益を得るのではなく、サービスで得るモデルに転換することを意味します。

　b8taは革新的なプロダクトを体験することを主目的とし、店舗ではプロダクト体験とブランドストーリーを伝達し、購買は各ブランドのECサイトへ誘導します。つまり、店舗で売り込むのではなく、店舗でプロダクトの価値を認知・理解してもらうことに重きを置いているモデルです。

　1商品1展示を基本として、在庫を大量に売り場に展開することはありません。その1商品に、タブレットが設置されています（右ページ写真）。天井に設置したカメラが商品前に5秒以上滞在した人を計測し、その人数やタブレット内のページへのアクセス傾向を分析します。

　同店は無人店舗ではありません。接客という価値も最大化させています。「b8taテスター」と呼ばれる接客スタッフは各商品の機能だけではなくブランドストーリーまでも理解し、売り込むのではなく、ストーリーを伝えることが徹底されています。

　出品するブランド側の視点に立って説明しましょう。

小売業DXモデル事例：b8ta

接客で体験を促進しブランドストーリーも伝達

2種類のAIカメラ、全商品に1台ずつ設置された
タブレットにより顧客の行動データを取得

　従来の小売業のモデルでは、ブランドメーカーは卸会社を通して小売業店舗に陳列し、価格は小売業の動向によって左右されてきました。

　売り場の棚で存在感を示すための広告費は少額ではなく、先行投資としてリスクとも捉えられるものでした。

　かといって、ECで直販をするには膨大な商品数のEC市場の中で埋没してしまい、Web広告費が同じく投資リスクとなります。

　このような課題を解決する要素をb8taは持っているのです。

　通常のマス媒体やWeb広告では、商品名や機能を視覚で訴求することが中心です。それに対してb8taでは、実際に商品に触り、体験することまでを提供します。その価値に対してブランド側が支払う費用は、基本的に60cm×40cmを1区画として1ヶ月30万円です。

　店舗には属性を計測するカメラも設置されており、顧客の行動履歴データがブランド側にダッシュボードによって共有されます。

　ブランド側が自社でこれらすべてのテクノロジーや広告を構築しよう

とした場合、月額30万円ではおさまらないことは明らかです。

そして売り場で体験しタブレットでブランドムービーを見た消費者を各ブランドのECサイトに誘導するので、売上に着実に寄与する流れを踏まえています。

「商品体験＋接客によるブランドストーリー伝達＋検証データ」という小売業に求められる重要要素を、b8taのモデルは着実に押さえています。

売り場の役割は確実に変わりました。売り場は売るだけの場ではなく、物流、データ取得、体験、世界観を伝える場など多岐にわたっています。b8taのこのモデルは、１坪あたりの高い収益性のみならず、日本のユーザーにとって新たな商品との出会いの場を提供するという価値が強く備わっています。

日本では今後、売り場をメディア化する企業が増えることが予想されます。すでに大手企業各社が取り組みを本格化しているからです。

しかし、単に売り場にビジョンを設置することやECサイトの一部を広告枠にするだけでは、すぐに行き詰まることでしょう。b8taのモデルのように、リアル店舗ならではの価値とデータ活用の両立を図ることが重要です。b8taモデルに今後の小売業のサービス化のヒントがあります。

2021年３月から、b8taは凸版印刷との取り組みを開始しています。店舗でスマホをかざすと、目の前の店舗とはまた別のコンテンツが現われ、バーチャルとリアルを行き来する流れを強化しています。

必ず実際にお店に行って体験されることをお勧めします。

小売業DXモデル事例：b8ta×凸版

バーチャルとリアルを行き来する新しい売場をb8taと凸版印刷が今年3月開始

①遠隔地から「バーチャル店舗」と「リアル店舗」を行き来してショッピングすることが可能

②友人や家族とグループでショッピングすることが可能

③リアル店舗にいる店員とすぐに会話をすることが可能

④ARで商品の設計や使用イメージを確認

⑤AIカメラでリアル店舗の人やロボットを検知してバーチャルに反映

2 D2Cブランドの出店による業績拡大

Glossier / Allbirds

　デジタルネイティブを開拓した成功例としてアメリカのコスメ販売企業Glossier（グロッシアー）を紹介します。Glossierは雑誌Vogueのスタイリスト、エミリー・ウェイス氏が、2010年にはじめた美容ブログを起点に独自のコスメブランドをオンライン専業で2014年に開始しました。同氏のブログでは、現代のミレニアル世代やZ世代の消費者の琴線に響くメッセージを発信しました。従来の美容業界は女性に多く着飾る美を追求してきましたが、同氏のブログでは「Less is more（少ないことは豊かなこと）」を掲げ、自らの特徴を隠さずすっぴんに近い美を推奨したのです。

　その考え方に多くの女性が呼応し、ブログが開設されるやいなや、月間閲覧数が1,000万を超えるという驚異的な数字を達成。ブログに寄せられた女性たちの声をもとにブランドを立ち上げ、独自の商品を販売し、設立してたった5年でユニコーン企業（評価額10億ドル以上企業）の仲間入りを果たしました。

　Instagramのフォロワー数は190万人を超え（2021年8月時点で271万人）、2018年には初の旗艦店をニューヨークにオープンしたことでSNSと店舗の相乗効果を生み出し、小売業における革新的モデルとなりました。

　このようにコンセプトと商品、ターゲット、媒体、店舗の世界観がつながってこそ、デジタルネイティブから支持を得ることができるのです。

　Glossierに代表されるような強烈なブランド力をオンライン上で確立

し、顧客基盤を得た後に店舗を出店してさらに成長を加速させるD2C（Direct to Consumer）ブランドが今、台頭しています。アメリカでは数多くのユニコーン企業が誕生しています。1章に示したように、日本ではこれから4〜5年の間に同様のモデルのD2Cブランドが隆盛となっていくことでしょう。その予兆が、海外D2CブランドやD2Cキュレーション店舗の日本出店です。

　Allbirdsという靴と服のD2Cブランドが2020年、日本で初出店しました。Allbirdsは米Time誌が「世界で一番履き心地がいい靴」と評価したライフスタイルブランドです。実用的で洗練されたデザインはもちろんのこと、徹底的に環境に配慮したものづくりが共感を呼び、著名人や企業経営者の愛好者が増え、あっという間にSNSで拡散されました。環境活動家としても知られる俳優のレオナルド・ディカプリオ氏が投資家として参画したことでも有名です。

　ブランドの中心に置く哲学は「サステナビリティ」。同ブランドによれば、日本での出店にあたっても、店舗設計の段階から排出CO_2量を測定しています。サトウキビを原料にしたソールは、光合成の働きによりCO_2の排出量を抑えたカーボンネガティブとなっています。さらにその資源活用技術をすべて公開しています。気候変動や災害の多い日本においてサステナビリティという価値観を大切にする若者たちを惹きつけました。世界で推進されているSDGs（Sustainable Development Goals）の考え方にも合致し、これからの展開に高い期待が寄せられているブランドです。

　デジタルネイティブを開拓したGlossierとAllbirdsに共通するのは、プロダクト哲学とSNS基軸だということです。店舗の売上を促進するSNSという位置づけではなく、SNSでブランドを確立した後にそのコンセプトのストーリーテラーとして店舗を出店しているのです。

これらD2Cブランドが拡大したことで注目を集めているのが、D2Cブランドのキュレーションストアです。代表的な店舗が、b8ta（ベータ）、Showfields、Neighborhood Goods。

　b8taは前述した通りです。

　Showfieldsは「世界一面白いお店」と言われるほど圧倒的なクリエイティブ性で、まるで遊園地にいるような世界観の店舗です。どれが商品でどれが装飾物なのかわからないほど、創造性に溢れています。NINJYAと呼ばれる演者のような接客スタッフが店内を案内するツアーイベントが人気を集めています。

　Neighborhood Goodsは、Instagramで人気が確立されているD2Cブランドをキュレーションし、D2Cデパートメントストアとして注目を集めている店舗です。

　どの企業も顧客の行動傾向をデータで取得しています。商品前のタブレットやAIカメラによって購買前の行動を分析して、マーケティングデータをブランドと共有して共に次なる施策を考え出す——この流れはもはや目新しいことではなく、小売業界の必須の事項と言えます。

　マーケティングにおいては、ターゲティングが非常に重要だということは、誰しもが感じていることでしょう。しかしターゲットという言葉を、ある一定の集合体・グルーピングと捉えると、デジタルの時代においてはうまくいかなくなりつつあります。

　テクノロジーの進化とスマホの普及によって、一人ひとりが受け取る情報はパーソナライズ化され、それがもはや当たり前の感覚となっているからです。その中でターゲットグループをひとくくりにしたアプローチでは凡庸なものと受け取られる可能性が高いと認識しなくてはなりません。

　たったひとりの目の前の人に瞬時に理解・共感され、深く響くものになっていることが肝要です。それには、顧客の行動分析を高度化するためのデータ取得が必要になります。アメリカのD2Cブランドやリテール

ターゲットの変化：SDGsの代表企業となったAllbirds

世界一快適な靴と呼ばれるにまでに至るサステナビリティな製品哲学。アパレル企業ではなく自社をマテリアルイノベーションカンパニーと位置づけ、環境に寄与するその方向性に共感した顧客から高い支持を得る

素材から包装にまでこだわった製品哲学は徹底したサステナビリティ

試着と世界観体験、製品哲学の訴求を重視した店舗レイアウト

企業は、感性に響かせる要素と定量的に分析をする両方の要素を兼ね備えています。

　デジタルネイティブを開拓する際には、これらの成功企業が持つ思想やデータ活用ノウハウをモデルにしつつも、競合にもなるので通販やSNS広告を強化するだけでは太刀打ちできないということも注視しましょう。

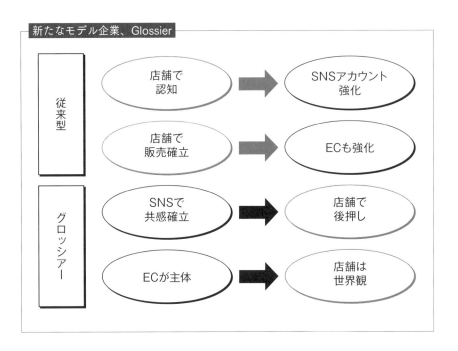

新たなモデル企業、Glossier

従来型
- 店舗で認知 → SNSアカウント強化
- 店舗で販売確立 → ECも強化

グロッシアー
- SNSで共感確立 → 店舗で後押し
- ECが主体 → 店舗は世界観

3 店舗で新規顧客開拓、ECでリピート率アップ

▶ FABRIC TOKYO ◀

　オーダーメイドのビジネスウェアを展開するD2Cブランド「FABRIC TOKYO（ファブリック トウキョウ）」では、オーダースーツに対する「敷居が高い」「長時間拘束された上に買わないといけない」「既存スーツよりも高価格」といったネガティブな印象を払拭するようなサービスを提供しています。

　3Dスキャンなどテクノロジーを駆使して自宅で採寸するサービスを他社が展開してきましたが、大きな普及には至っていない現状です。自宅で自らサイズを計測するという行動自体が、ユーザーにとって不慣れであることが要因として挙げられます。

　FABRIC TOKYOでは、こうしたユーザーが抱える違和感や不便さに向き合い、実際に店舗を訪れ、服を買うという体験と同質化させることが重要であるとして、店舗とECの両立を図るオーダースーツ展開を確立しました。

　従来型のアパレル企業は、顧客に来店してもらい、購入された瞬間がゴールでした。顧客は洋服への欲求が高まった段階で来店し、メーカーやブランドごとに異なるサイズ表記に戸惑いながら、スタッフに逐一サイズや自分の好みを伝え、欲しかった商品に出会い、購入するというサイクルを繰り返しています。購入後は登録したメールマガジンから新商品情報が届いたり、DMでセール情報が届いたりするなど、メーカーやブランドとの接点を持つ機会もありますが、購入した商品を気に入ってもらえなければリピートにはつながらず、次の欲求が顕在化した時点で

あらためて他社のブランドと比較検討されることも少なくありません。

対してFABRIC TOKYOは、「来店がスタート」と捉えています。まずは、InstagramやTwitterなどのSNSやWebサイトでブランドを認知してもらい、ブランドに共感してくれる方や興味がある方に実店舗に来店してもらいます。店舗では購入してもらうことを目的とせず、基本的には採寸やライフスタイルのヒアリングを行なう場とし、サイズなどの顧客のパーソナルデータを取得していきます。一度、実店舗で計測さえすれば、クラウド上にサイズの採寸データを登録することができ、いつでも自分にあったオーダーメイドのビジネスウェアを購入することができるという仕組みです。

▶従来の店舗面積や接客スタイルに固執しない

採寸に特化する店舗形態により、同社は従来型のアパレル企業と比べて高い収益性を維持しています。

D2Cブランドとして、デジタル上でマーケティングを行ない、デジタル上で販売まで完結するというモデルを基本としながら、採寸のために店舗を構えるという考え方であるため、大規模な商品陳列や在庫管理、接客を可能にする店舗面積を確保する必要がありません。

また、駅前などの目立つ場所に店舗を構える必要もないため、賃料は安く抑えられています。同社によると、売上高を賃料で割った倍率は30倍と、競合他社の10倍前後という数値です。

さらに、同社では、店舗のスタッフに毎月の売上ノルマを設定せず、まったく異なる指標で評価・管理しています。店舗のスタッフの評価指標は「パーソナルデータの取得」と「接客をきっかけとしたリピート率」に設定され、スタッフは売上を伸ばすための接客ではなく、顧客の満足度を高めるためのサービスに集中することができます。

顧客にとって煩わしい「一生懸命接客してもらったから何かを買わな

ければならない」という強制感から解放され、純粋にショッピングを楽しめる側面もあります。スタッフと顧客、双方にとってメリットのある環境を作ることが、リピート率の向上に寄与していると言えます。

▶ECにただ商品を掲載するのではなく、デジタルを使って何を解決するか

　小売業界においてもEC比率の向上やビッグデータの活用といった動きは加速しています。Webサイト上で登録されたデモグラフィックデータや実際の購入履歴を活用した新商品のレコメンドなど、従来のアパレル企業でもデジタルを活用する企業はもはや主流になりつつあります。

　では、FABRIC TOKYOは従来の企業と比較して、何が決定的に異なるのか。

　それは顧客の満足度向上のために、デジタルを目的ではなく手法として活用している点です。ECで購入する人が増えているからECに売り場を設置するという発想ではなく、もちろん最終地点はECでの購入ではありますが、デジタル上にサイズの採寸データを登録するという手法で、顧客がこれまで感じていた不安や悩みを解決したことが、ECサイトでの購入やリピート率を飛躍的に向上させた要因であると考えられます。

　顧客の悩みに寄り添うD2Cブランドだからこそ、注文履歴や購入頻度、嗜好性に基づいた個々のユーザーへのレコメンドも、押し売りに感じず受け入れてもらえるし、サイズへの安心感があるからこそ、ECサイトで迷いなくボタンを押すことができるのです。

▶ECとリアルをつなぐD2Cの可能性

　FABRIC TOKYO代表取締役CEOの森氏は「D2Cは世界の潮流」とした上で、「D2Cの先には小売のサービス化、モノを売るだけでなく、サ

ービスを付加価値として提供するRetail as a Service（RaaS）がある」
と言います。

　購入後の利用に寄り添うことが重要と考え、2019年に月額制サポー
トのサブスクリプションサービス「FABRIC TOKYO 100（ハンドレッ
ド）」の提供も開始しています。月額398円（税込）を支払うことで、
100日間の作り直しや体型の変化によるサイズ直し、日々の着こなしの
サポートやクリーニング・保管サポートなどに対応しています。

　さらに、世界では毎年9,200万トンの服が廃棄されており、日本でも
年間100万トン、33億着におよぶ服がアパレル業界から廃棄されている
という現状があります。FABRIC TOKYOは、不要な洋服を顧客から回
収し、日本環境設計との提携により、再生生地を生成し、「服から服を
作る」ことで従来廃棄されていた洋服を循環させる、サステナブルな事
業も視野に入れていると言います（「TechCrunch Japan」2019年9月26
日 記事より一部抜粋）。

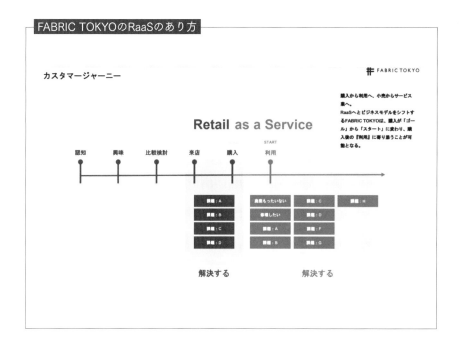

　今や、顧客にとってはオンラインとオフラインが存在することは当たり前になっています。ある商品を購入する際に、オンラインで検索し、最終確認の場として店頭を訪れ購入する顧客もいれば、セレクトショップでたまたま出会った商品を帰宅後、オンライン上で検索し、ECサイトで買うという行動をとるケースもあります。顧客にオンラインとオフラインの明確な境界線がない以上、企業側もオンラインとオフラインを分けて考えるのではなく、ECとリアルにどのような独自価値をもたせるのか、どう融合させたビジネスを構築できるかが重要です。

　コロナ禍で人々の行動やライフスタイルがより多様化し、複雑に変化する時代だからこそ、企業視点ではなく、顧客視点で発想することがあらためて必要になっています。そのニーズに即したお手本として、FABRIC TOKYOの考え方とビジネスモデルをご参照ください。

4 異業種に小売の DXのヒントあり

▶ トヨタ自動車 e-Palette ◀

　2018年1月、トヨタ自動車が「e-Palette（イーパレット）コンセプト」を発表し、話題になりました。中心にあるのは自動運転機能を持つ電気自動車（EV）。移動、物流、物販など多目的に活用でき、移動式の超小型コンビニエンスストアをイメージしてもらえると、わかりやすいのではないでしょうか。

　これによってどのような未来が実現するのか。気温や天気から消費傾向と合致する商品を提案し、指定した時間に自宅まで届ける。事前に頼んでおいた商品を乗せてオフィスに迎えにきてくれ、そのまま自宅まで送り届ける。また、車内で飲み会を開いて盛り上がっているうちに自動運転で旅行先にたどり着く。そして決済はキャッシュレス。

　あくまで想像の域を出ませんが、将来的には大きく相違ない形で実現されることでしょう。それが今、静岡のウーブンシティで具体化に向けてさまざまな実験を行ないながら進行しています。東京オリンピックでは選手村で起用され、3万4,000人の方が利用しました。

　これは小売業にとって、脅威にも強力なパートナーにもなり得る可能性を秘めています。移動という時間を価値に変える同社の取り組みは、人々の生活を便利に豊かにするという小売業のミッションとも重なり、その中枢にはデータを据えています。ユーザーが利用すればするほど、自分の利用傾向に即したさまざまな商品やサービスのレコメンドが提供される。

　Web上の広告であれば、これは見慣れたことかもしれません。

　しかし、人々の行動や移動も含めて包括的に利便性が向上すること

流通の新しいモデルの可能性：トヨタのe-Palette

は、未来の大きな可能性を秘めています。

　こういった現象は、実店舗においても起きています。たとえば、顔認証システムと購買システムを連携させ、購買データを基に人工知能（AI）が分析を行なう。健康重視型の人か価格重視型の人かなどといったクラスターに分け、買い合わせ商品や頻度、価格帯などが瞬時に算出される。

　また、気温や天気、立地データと過去の購買データを掛け合わせることで、最適な売り場構成や在庫、客数や回転率の予測を行ない、営業利益を最大化できる経費構成がリアルタイムで算出される。

　このような動きはすでに一部の流通企業や外食企業によって展開されています。

　これらを展開することで、店長は本部からの指示ではなく、AIによって算出された結果を売り場や在庫、人員配置に活用していくのです。

入店した顧客を顔認証やWi-Fiとの連携で捕捉すると、購買履歴やオンラインストアの閲覧履歴から何を提案すればよいかAIが判断し、店舗スタッフのスマートフォン（スマホ）にその情報を提示する。

　それら店舗やオンライン上で蓄積されたデータは、いずれ国家の統計データに紐づき、輸入や農業、製造、医療など複合的な産業で活用されることでしょう。このような姿がすでに遠い未来ではなくなりつつあるのです。

　トヨタ自動車が2021年8月に発表したモビリティサービス・プラットフォーム（MSPF）には、それに近い姿が描かれています。図に示されている通り、この構想はプラットフォーマーをめざす企業にとって見逃すことのできない可能性とヒントを秘めています。

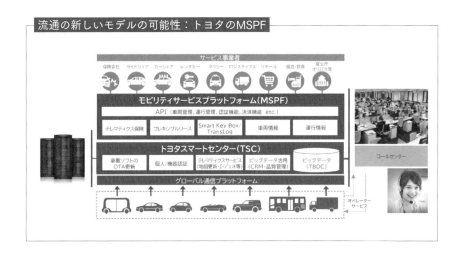

流通の新しいモデルの可能性：トヨタのMSPF

10章

組織改革なくして
DXの成功なし

1 新事業構築は新組織、既存事業価値向上は経営企画部門の増強

▶ システム導入のしやすさより
戦略との連携を重視したDX組織を

4章でパートナー企業選定の重要性について触れ、DXを推進する体制図例も表記しました。ここでは、いくつかの選択肢の中から組織を考えたいと思います。

DX推進組織を検討するにあたって大きな分かれ道は、既存組織の中に組み込むのか、専門組織を新設するかです。

新組織の場合、DX専門の別会社を立ち上げる企業もあります。新企業や新組織を立ち上げる場合、DXによって新しい事業を創出する際に用いられるケースが多くあります。

既存ビジネスの価値向上をめざす場合は、往々にして既存組織の中に組み込む形になります。ITシステム部門、もしくは経営企画部門が有望な選択肢になることでしょう。自社の目的や推進力の生まれる形は何なのか、実際に携わるメンバーのビジネススキルやモチベーションも加味しながら考察する必要があるので、企業によってベストな選択肢は異なります。

以上のことを前提に、あえてどの選択肢がよいかについて述べていきます。

選択肢は以下の4つとします。

---

① DX専門企業立ち上げ
② DX専門組織立ち上げ
③ ITシステム部門へ組み込み
④ 経営企画部門へ組み込み

　結論は、DXによって新規事業を創出するのであれば②、既存ビジネスの価値向上をめざす場合は④を、本書では推奨します。

　理由としては、新規事業を創出する場合、収益も従来のモデルとは異なることになりますが、既存の小売ビジネスの強みを活かして創り上げるものである以上、既存組織との連携が不可欠です。別会社としたとき、どうしても距離は生まれてしまいます。評価制度や損益計画、オフィス環境が一心同体でなくして深い連携は生まれづらい、と捉えることが得策です。

　ただし、既存の小売業とはまったく関係のないビジネスであれば新会社が有用です。その際は事業の可能性を綿密に検証しなくてはいけないという別の問題が生じます。

　よって、小売業の延長線上にある新事業であれば、「②専門組織立ち上げ」がベターな選択肢と思料します。

　次に、既存事業の価値向上をめざす場合です。

　経営企画部門とシステム部門、どちらにDX推進を管轄してもらうかは大変迷うところではあります。システムを導入するという作業進行の側面では、システム部門が主管したほうがやりやすいことでしょう。

　しかし、ここであえて④の経営部門に組み込むことを推奨したのは、そのほうがDXの目的と近い位置にあり、品質向上につなげやすいためです。

　DXの目的は「テクノロジーを活用してビジネスを変革し、持続的に業績を向上させること」ですから、ビジネス変革という戦略に関する点、業績貢献という側面を考えると、経営企画部や経営戦略室という部門のほうがシステム部門よりもこのテーマと対峙してきています。出店、品揃え、価格、物流、業務改革など、会社の全体像が見えている経営企画部門が主管し、そこにテクノロジーやシステムに強いメンバーを増強して組織を組成することが望ましいことでしょう。

6章では、品揃え・価格の最適化という業績の成否を握る重要テーマは、SCM（サプライチェーンマネジメント）全体にわたって関連するテーマなので経営企画部門が管轄することがよいと述べました。

　システム部門が管轄したことで、いつしかDXプロジェクトではなくシステム改修プロジェクトへと、"変革"からかけ離れていってしまった企業もあります。

　経営企画・経営戦略部門はトップ（経営者）と近いポジションであることも重要な点です。

　DX推進組織は、変革を持続的に牽引できることを重視して組成しましょう。

2　ＤＸ人材育成

▶ **現場に落とし込む、行動に変えることができる**
人材育成を

　「DX人材に悩んでいない企業はない」と言っても過言ではないほど、各企業に共通の課題ではないでしょうか。

　「小売業にずっと勤めてきたから、小売業の業界動向や業務は熟知している。しかし、デジタル領域には触れてこなかった。Web広告やSNS広告の仕組みさえあまり理解していないのに……」、このような方がほとんどかと思います。

　自社内にすぐ対応できる人材がいないからといって、では採用すればいいかというと、そう簡単な話ではありません。DX経験者はコンサル企業やIT大手企業が多く、採用したいレベルの人材の年収は高額です。年収を同額提示しても、小売業への転職を決断する人が少ないのが実情です。CDO（Chief Digital Officer）やCTO（Chief Technology Officer）には必ず小売業とITの両面に長けた人材を登用することが必須です。

　これは社内、社外問わず、スキル・人柄含めて信頼のおける人を選出しなくてはなりません。DXに関わる人材に求められるスキルを図に示します。図の3つのテーマの最後に書いてある事項が特に重要です。

▌課題解決力

　本質的な課題を見つけ、その解決策を提示する。これがよく求められる範囲です。しかし本来の課題解決とは、解決策を社内に落とし込み切れてこそ任務が達成したと言えます。小売業に限らず、「社内を動かす」ということが、どれだけ難しいことか。

　DXは、社内を動かさない限り、うまくいきません。社内の各部署に

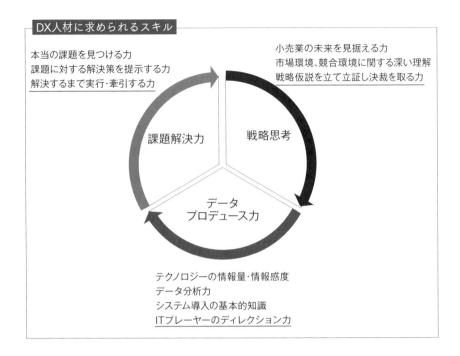

DX人材に求められるスキル

本当の課題を見つける力
課題に対する解決策を提示する力
解決するまで実行・牽引する力

小売業の未来を見据える力
市場環境、競合環境に関する深い理解
戦略仮説を立て立証し決裁を取る力

課題解決力

戦略思考

データ
プロデュース力

テクノロジーの情報量・情報感度
データ分析力
システム導入の基本的知識
ITプレーヤーのディレクション力

自分事として意識してもらい、行動に変えてもらう必要があります。

▌戦略思考

　小売業の未来がどうなるか、シュリンクしていくもの、新たに拡大するものへのアンテナを張っていることは必須です。自社は競合と何を差別化して勝負するのか、こうした仮説を持って検証する力は大事です。

　以上が戦略思考という範囲で論じられることが多い能力ですが、DX人材においては、**検証した仮説を社内で実行に向けて決裁を取る**ところまでを必須の能力としたいと思います。

　前述の課題解決力とも重なりますが、小売業では実行までが任務です。いかにレベルの高い資料で仮説が検証されていても、店舗で何も実践されず、お客様には何の変化も生じない──これでは戦略思考を持っていても、宝の持ちぐされです。

　社内決裁を取るにはさまざまなネゴシエーションが必要です。それは

他の人がやること、という意識で臨むと、せっかくの良質な戦略も違う思惑で立ち消えになってしまいます。どのような数字、どのようなアウトプットの仕方をすれば決裁する側が納得できるか、相手の立場にたった思考も含めて戦略思考と定義し、DXに臨むことを推奨します。

▍データプロデュース力

データサイエンティストの必要性は昔から叫ばれてきました。データサイエンティストは分析できる人材、エンジニア等がイメージされますが、データプロデュースができる人材とは、「仮説ありきでデータ分析に臨み、自身でも分析はできるが、さまざまなITプレーヤーの強みを最大化するために全体最適に向けたディレクションができる力」とここでは定義します。

何のために分析し、何を導くのか。この思考なくして分析をしても、総花的なデータが大量に羅列されるだけで、次のアクションにつながりにくいものです。

また、1人で課題や業務を抱えこんでいては、大きなインパクトは生み出しづらく、外部プレーヤーをうまくディレクションしてスピーディ、かつ安全に進めていくことが求められます。

以上3つの要素がDX人材に求められるスキルセットであると捉えましょう。大変レベルの高いことであり、今できていないのは当たり前として、今後の理想像の例として参考にしてください。自社で学び、育成するのみではなく、外部プレーヤーと仕事をする中で、彼らのノウハウや経験と接しながら体得していくのもひとつの有用な方向です。

ビジネス系（戦略、業務改革等）の人材とテクニカル系（エンジニア、データサイエンティスト等）の人材で細かなスキルは分かれます。しかし、以上に挙げた3つのテーマはいずれの人材にも必要なスキルです。

▶役割認識を変えないと他責の状況が続く

　ある小売企業でこのようなことがありました。

　テクノロジーやデータ分析に長けたメンバーがいて、最適なツール選定やデータ結果を抽出していました。彼らはそこまでが自分たちの仕事だと思い、他のメンバーにバトンを渡しました。その後の社内のミーティングでは、最適なツールと提言されていた内容の根拠が役員に的確に伝わらず、価格が安いほうが選択されました。

　データを見ても、上層部からすると「ではこの後どうするのだ？」「次は何をするのだ？」と困惑するばかり。プレゼンしたメンバーがその問いに明確に答えられず、結局、重要な課題を示したデータは何に使われることもなく放置されてしまいました。

　これはプレゼンをしたメンバーの力不足、もしくは上層部の理解不足と捉える方がほとんどでしょう。このような事態は必ず起きるのです。

　ある上場企業でも、こんなことがありました。

　売り場担当役員とデジタル担当役員、業務改革担当役員が一同に会した際、売り場担当役員はデジタルが一向に現場で機能しないと批判し、デジタル担当役員はこれだけ提示しているのに使いこなせていない現場が悪いと言い返します。もちろん、店舗の現場メンバーもデジタル知見を学ばなくてはいけないのですが、すぐには無理です。役割認識を変える必要があるのです。

　前述した通り、課題を出すまで、アウトプットを誰かに渡すまでが役割ではなく、受け取った相手がそれを実行するまで支援することを役割の範囲に据える必要があります。

　「そこまでやってられない、それは我々がやることではない」という声が聞こえてきそうですが、誰かが役割範囲を広げて牽引しないといけ

ないシーンが必ずくるのです。

　専門性を持つメンバーがこの役割を担わないときに起こるのは、DX
の知見の有無に関係なく、頼みやすい上長や発言力の大きい人が兼務す
るという事態で、後々、円滑にいかない原因となります。

　DXのプロジェクトをスタートするときには、各自がそれぞれで思い
込んで決めてしまっている役割の範囲を再定義・再認識することをお勧
めします。

3 全社員デジタル知見必須の 教育・評価体系へ

▶ 制度で推進するDX

現時点では、DXの教育体系が整備されていない企業が大半ではない
でしょうか。

下の図は一例となりますが、役職者別にテーマを設定し、年間カリキ
ュラムとして進める価値と必要性がDXにはあります。なぜなら、DXは
一部社員のことではなく、全社一丸となるべきテーマであり、意識と知
識の水準を合わせていく必要性が高いからです。

小売企業においては、大手企業でもDX教育体系の整備はスタート段
階であるのが実情です。DXの一般的なフレームを学べる研修は、
e-Learningを含めてすでに存在しており、大手小売業でそうした外部研
修を活用した例がありますが、どうしても小売業ならではの要素や自社
独自の方向性とはずれが生じ、継続的かつ全社的な取り組みにはなりま

役職別DX研修（例）

役職／テーマ	DX全体への理解	戦略	業務
経営層	全社の戦略とIT・データを用いることで創出価値とビジョンの理解	事業戦略とDXの関連 商品戦略とDXの関連	BPRの意義と効果 競合各社の取組（成功例・失敗例）
管理職者	全社戦略と連動した担当部門のDXを理解・推進	サプライチェーン全体の把握・調整 需要予測による商品最適化による効果 店舗別ニーズ対応とデータ活用	BPRの全体像・基本ステップ 形骸化したBPRに陥らないポイント BPRからDXへのステップ
本社一般社員	DXの重要性を認識し改善を遂行する	構想策定フレームの体得 戦略とDXの相関成功事例	業務効率化と高度化 DXによる業務改善成功事例
システム関連部門	DXの全体像の理解 ITやデータの技術的理解	全社戦略とITの関連性 構想策定からシステム導入までの基本フレーム	業務改善の為に必須のIT技術 小売業における優先的テクノロジー システム部門が見落としがちなユーザー視点
店舗・EC部門一般社員	DXによって顧客に提供する価値の理解 店舗が担うDXの役割理解	小売業の時流と自社のポジション 業績に関連する小売のKPI 店舗が担うDXの領域	店舗業務の効率化と高度化 削減された時間の活用の方向性

せんでした。DXに本腰を入れるとすれば、一度コンサル会社などに小売業に即した研修内容の構築を依頼し、毎年それを活用できるような基盤を作ることをお勧めします。

その際は座学とe-Learningの組み合わせ、特に管理職者、経営層は座学で質疑応答やディスカッションができるような場を設けることが望ましいです。

図をご覧になればわかる通り、戦略、業務、組織、システム、ガバナンスとは経営全般にわたるテーマであり、従来進めてきた研修があるなら、統合してデータやデジタルとの相関性を強化したものに組み替えることを推奨します。

もちろん、研修の進捗管理にはシステム導入が必要です。DXの研修をエクセルで管理し、メールで終了報告が飛び交うようでは、それ自体が自社のDXが脆弱であることを物語ってしまいます。

研修を徹底するために、DX研修の受講を昇格昇給時の条件とし、評価指標にデジタル知見・活用の向上等の項目を付加することも検討しましょう。

組織	システム	ガバナンス
全社対象のDX教育体系の決裁 人材戦略の明確化	投資対効果の考え方 CTO、CDOの役割認識	コーポレートガバナンスとDXの関係 社としての品格や社風を害することの防止
採用、育成、評価、勤怠に関するDX 組織領域のDXの成果	DXの的確な進め方 パートナー企業との連携の仕方 成功例と失敗例の把握	サイバーセキュリティ知識の保持 委託企業に依存しないトラブル 防止体制 網羅すべき法令関連
勤怠システムの有効活用 評価システムの有効活用	DX事例に学ぶシステム活用 システム導入におけるユーザーの役割	RPAはじめとしたシステムへの移譲領域 サイバーセキュリティ事故事例
HRTechサービスの全容 小売業に強いHRサービス	基礎的なエンジニアスキル AIの基本構造 データ分析フレーム	RPAはじめとしたシステムへの移譲領域 システムトラブルを回避するための技術 サイバーセキュリティ事故事例
パート・アルバイト採用の効率化 店舗評価指標と評価システム活用	商品管理・在庫管理システム 店舗におけるデータ取得	店舗におけるDX領域でのトラブル事例 店舗スタッフが心がけるべきデータ管理

4　経営層の理解と決意

▶ 経営層こそがDXを自分事にする

　最後に経営者、経営層の理解と決意について触れ、本書の締めといたします。

　年齢に関わらず、DXに対する知見は人任せにせず、自身で腑に落ちるまで学ぶことが必要です。再度繰り返しますが、DXは経営全般に関わる重要テーマです。その旗振りをするのは、やはり経営層の方々なのです。経営層の方の意識によって、DXの推進をピタッと止めてしまうことにもなりますし、進めたとしても品質が脆弱なものとなってしまうこともあります。

　デジタルは若い人に任せたほうがいい、これは誤った認識と捉えましょう。Instagramの運用であれば、ヘビーユーザーである若年層の方に任せたほうがいいでしょう。しかしDXは企業の戦略、業務、組織、システム、ガバナンスと多岐に影響するため、経営層の力が不可欠なのです。

　「DXはただお金と時間がかかるもの、難しくて自分には苦手な響きのテーマだから、〇〇部長に任せておこう」、これは大変危険な考えです。

　Web広告であれば、仮に効果がなかったとしても、翌月の広告を修正すれば済むことでしょう。

　これが、基幹システムの刷新でのミスならどうでしょうか。

　次に基幹システムを刷新する機会は、少なくとも5年はありません。大手では20年に1回という小売企業も少なくありません。

　しかも、基幹システムの刷新にかかる費用は、中堅企業向けのものでも億単位になります。大手であれば、数十億から数百億円になる場合も

あります。

　その20年に一度の巨額な購入に失敗すると、費用のみならず、業務を抜本的に変えたことを再度見直すという、全社員の業務に多大な影響を及ぼす損害になるのです。

　さらに最悪な事態は、お客様に影響が出た場合です。

　自社の顧客管理システムが障害を起こしシステムがストップした、外部からの攻撃に脆弱なセキュリティで個人情報が漏洩した、そうしたトラブルが生じたときの信頼の失墜は計り知れません。

　そのとき、一任していた○○部長を叱責することでは済まないのです。すべては経営層の責任となります。

　経営層視点で求める理想の状態を提示することはもちろん必要です。加えて、現場社員の業務をいかに効率化し、効率化された時間をいかにお客様に向けた品質向上につなげ、高度化という領域にまでたどり着けるかは、経営層の方々の決意と推進力にかかっています。

　ビジネスモデルの魅力と独自の商品価値があってこそ、DXは機能します。DXは顧客（消費者と従業員）とのエンゲージメントを高める中枢のテーマです。DXはデータを蓄積・活用し、飛躍的にマーケティング力を向上させる鍵を握っています。

　経営者が、部下たちにとって決裁をもらうだけの対象になってしまってもいけません。決裁を取るために、部下たちが表面的には正しそうに見える情報を出してきたとき、経営者側に知見が薄かった場合、判断を誤るからです。適宜、フランクなコミュニケーションを交えながら、DXに潜むリスクと成果を綿密に話し合わなくてはなりません。

　経営層が常に相談できる有識者を確保するのも有効な手段です。

　社員側に、DXに対する意識が希薄なケースもあります。社長だけがデジタルの遅れに危機感をもち、社員は「うちはまだ大丈夫、社内の誰かが着手するでしょう」という意識である場合、意識改革から取り組ま

なくてはなりません。

　全体の意識を変えるには時間を要します。その場合、経営者が率先してDXのテストマーケティングを行ない、その成果を見せて行動や仕組みを変えていくステップを取ることになります。

　あるホームセンターの経営者がこう発言されていました。
「今、小売業のデジタルに詳しい有識者に多数ヒアリングに回っています。私自身が深く理解しないと、社員達に確信と迫力を持って発信できないので」
　こうおっしゃっていたのが、約3年前でした。その後、経営者の方が牽引し、今ではDXのお手本企業となりました。そして3年後に再度お会いしたときに、こうおっしゃっていました。
「DXの必要性と内容には確信を持っています。成果も出ました。しかし社員には強く命令したりはしません。社員の参画と協力なくして成功はないので、やらされ感を持たせないように、十分に気をつけて接しています。本当は強く言いたいんですけどね」

　この経営者は海外事例を含めてすべて自身で見て直接聞き、ご自身の中での理想形、勝利のストーリーをしっかりと描いていました。
　経営者、経営層の方にはこのような姿勢が求められます。

　経営者、経営層の方の理解と決意がDXには不可欠というテーマを、本書の締めとさせていただきます。

　最後までお読みいただき、誠にありがとうございます。
　小売業の長期的な価値創出のために、本書がお役に立てば幸いです。

リサーチ協力

株式会社アルバイトタイムス
城北宣広株式会社
株式会社第一エージェンシー

画像提供

アドインテ
トヨタ自動車
ゑびや
Allbirds
AWL
b8ta
FABRIC TOKYO
Pocket RD

【著者】

佐久間俊一 (さくま しゅんいち)

株式会社インサイト 執行役員 CMO コンサルティング部 部長

グローバル総合ファームであるKPMGコンサルティングにて小売企業を担当するセクターのディレクターとして大手小売企業の制度改革、マーケティングシステム構築などDX領域のコンサルティングを多数経験。世界三大戦略コンサルファームとも言われている、ベイン・アンド・カンパニーにおいて2020年より小売業・消費財メーカー担当メンバーとして大手小売企業の戦略構築支援及びコロナ後の市場総括を手掛ける。2021年より総合広告会社インサイトのCMO（チーフマーケティングオフィサー）執行役員に就任。2019年より1年半にわたって日経流通新聞で連載を担当するなど小売業に約20年間携わってきたことで高い専門性を有する。日経MJフォーラム、KPMGフォーラムなど講演実績は累計100回以上。著書は『戦略的な人のデータ・統計分析の技術』(KADOKAWA)、『急加速で成長できる！仕事力アップの教科書』(すばる舎リンケージ)等5冊。

高橋亜希 (たかはし あき)

株式会社インサイト コンサルティング部 ディレクター

広告代理店でコピーライターとして経験を積み、十勝毎日新聞社広告局で営業企画として、新聞広告だけでなく、イベント事業、プロモーション、クリエイティブ全般のディレクションを多数経験。2016年インサイトに入社し、自治体行政案件、企業ブランディング、Web制作など幅広いジャンルでコンセプトワークを含むディレクターを担当。

栗城裕介 (くりき ゆうすけ)

株式会社インサイト コンサルティング部 ディレクター

Web媒体・Web専業代理店を経て2017年インサイト入社。同社のデジタル部門を立ち上げて、飛躍的拡大に貢献する。大小問わずさまざまな企業のWebコンサルティング、専業人材育成、Webソリューション開発など幅広い実績を誇る。現在は、Web広告事業以外にインバウンドビジネス支援にも従事。

浅井亮介 (あさい りょうすけ)

株式会社インサイト コンサルティング部 ディレクター

大手広告会社アサツーディ・ケイにて、一般消費財メーカーを中心に20社以上のWeb広告計画を策定・運用。日本広告業協会（JAAA）が発行する「広告ビジネス入門2014-2015」のインターネット広告領域を執筆。大手広告会社博報堂においては、自動車メーカー、お菓子メーカーなどの年間広告計画を策定。マス／デジタル広告に加え、ブランディング・オンラインLIVE配信・イベント運営など幅広い業務を経験。2021年7月よりインサイトに在籍。

相沢直人 (あいざわ なおと)

株式会社インサイト コンサルティング部 チーフプランナー

ユーザー視点でのUI改善を得意とするユーアイズデザインにて、5年間ユーザビリティ評価、UI改善を担当。その間、HCD-Net認定人間中心設計専門家を取得。車載HCIや家電、携帯電話、WebサイトのUX改善に携わる。2013年、広告会社という中で人間中心設計を活かそうと考え、インサイトへ。自社運営のマーケティングリサーチシステム「インサーチ」を担当。マーケティングリサーチを中心にプランニングやデジタル広告運用などに携わる。

新村由香 (しんむら ゆか)

株式会社インサイト コンサルティング部 プランナー

株式会社サッポロドラッグストアーで店舗業務からバイヤーアシスタントとして4年間従事。その後、2018年にインサイトへ入社し、Yahoo! 広告、Google 広告などのリスティング広告やSNS広告の運用を担当。小売業や行政機関など50社以上のさまざまな業種のWeb広告運用を担当。2020年6月に北海道に特化したインフルエンサープラットフォーム「inShare（インシェア）」をローンチ。システム開発に携わり、インフルエンサーマーケティングやSNSアカウント運用アドバイス、SNSキャンペーン施策などのSNSマーケティングを担当。上級SNSエキスパート認定取得。

【編者】

株式会社インサイト

札幌を本社に総合広告事業を展開し48期目を迎え、取引社数は700社を超える。2008年、札幌証券取引所アンビシャス市場に上場。近年ではデジタルマーケティングや地方創生事業が飛躍的成長を遂げ、2021年にはコンサルティング部を新設し、新たなステージへの変革を推進中。札幌のクライアントのみならず、全国の中小企業から大手企業まで幅広い取引実績を誇る。

HP：https://www.ppi.jp

小売業DX 成功と失敗

2021年 9 月 30 日初版発行

編　者 —— 株式会社インサイト

発行者 —— 中島治久

発行所 —— 同文舘出版株式会社

　　　　　東京都千代田区神田神保町 1-41　〒 101-0051
　　　　　電話　営業 03 (3294) 1801　編集 03 (3294) 1802
　　　　　振替 00100-8-42935
　　　　　http://www.dobunkan.co.jp/

©INSIGHT inc.　　　　　　　　　ISBN978-4-495-54099-9
印刷／製本：三美印刷　　　　　　Printed in Japan 2021

JCOPY ＜出版者著作権管理機構 委託出版物＞

本書の無断複製は著作権法上での例外を除き禁じられています。複製される場合は、そのつど事前に、出版者著作権管理機構（電話 03-5244-5088、FAX 03-5244-5089、e-mail: info@jcopy.or.jp）の許諾を得てください。

仕事・生き方・情報を **サポートするシリーズ**

あなたのやる気に1冊の自己投資！

女性たちが見ている
10年後の消費社会
市場の8割を左右する
「女性視点マーケティング」

日野 佳恵子著／定価 2,750円（税込）

大量生産、大量消費の時代は終わり、モノからイギ（意義）消費へ、"感じる"マーケティングの時代になった。ワークマン、パスコなど、女性の感性に訴え、選ばれている企業例を多数紹介。

中堅・中小企業のための
確実に結果に導く
プロジェクトディレクション

小久保 重信著／定価2,530円（税込）

中堅・中小企業の改革活動には、標準的な方法論は通用しない！最大の結果を出し、最後まで束ね導くマネージャーへ贈る「ひとつの方向に向かって最後までやり切る」ための方法論。

続・こうして店は潰れた
地域土着スーパー「やまと」の
挫折と教訓

小林 久著／定価1,760円（税込）

2017年12月、山梨県の老舗スーパー「やまと」が経営破綻。倒産に至った経緯・原因を元社長が赤裸々に綴ったドキュメント。倒産すると、会社、社長、従業員はどうなるのか？

同文舘出版